KB234057

회사에서 살아남는
핵심인재의 비밀

POWER AT WORK by Jo Owen
Copyright © Jo Owen 2007
Korean translation copyright © 2013 by BookStory
All rights reserved.
This translation of POWER AT WORK THE ART OF MAKING THINGS HAPPEN 01 EDITION is published
by arrangement with Pearson Education Limited through Amo Agency, Seoul, Korea.

이 책의 한국어판 저작권은 아모 에이전시를 통해
저작권자와 독점 계약한 북스토리에 있습니다.
신 저작권법에 의해 한국 내에서 보호를 받는 저작물이므로
무단 전재와 무단 복제를 금합니다.

싸우지 않고 승리하는 직장인 성공 매뉴얼

JO OWEN

POWER AT WORK

회사에서 살아남는 핵심인재의 비밀 ★

조 오웬 지음 | 김신욱 옮김

북스토리

조직에서 성공하려면 정치적 기술이 필요하다

진정한 경쟁은 시장에서 이루어지지 않는다. 진짜 경쟁은 당신의 책상머리에서 일어난다. 어떤 조직이든 예산, 승진 기회, 보너스는 한정되어 있고, 관리자들은 이 한정된 자원을 놓고 서로 경쟁한다. 이것이 각각의 개인들에겐 스트레스가 되겠지만 조직에 있어서는 건전한 현상이다. 내부 경쟁은 냉혹하기는 하지만 조직에 꼭 필요한 인재를 발견하게 하고, 부족한 자원을 효과적으로 분배할 수 있게 하기 때문이다.

조직 내에서 관리자들의 경쟁은 당연한 현상이다. 각각의 부서가 자기 부서의 이익을 대변하기 위해 서로 싸우기 때문에 조직 내에서는 갈등이 생길 수밖에 없다.

이것이 현실 세계이다. 그리고 이 세계는 고도로 정치적이다.

일반적인 조직 내 관리 운용규정 안에서 관리자들은 자신이 가진 권한에 비해 더 막중한 책임을 떠안게 된다. 이는 어떤 사람들에게는 엄청난 절망감을 안겨줄 수 있다. 그러나 사용할 수 있는 자원의 부족이 실패를 정당화시켜주지는 않는다.

유능한 관리자는 다른 사람들과 함께 일하며 그들 사이에서 '어떤 일이 일어나게끔' 한다. 관리자란 일상적으로 동맹을 맺고, 협상과 설득과 거래를 하고, 사태를 진정시키고, 갈등과 위기 상황을 풀어낼 줄 알아야 한다. 그런데 이를 '합리적인 관리'라고 하는 이론적 이상향으로는 해결할 수 없다. 오직 경험에 의해서만 가능하다. 그래서 사람을 다루고, 상황을 변화시키는 것은 결국 모두 정치적이다.

관리자에게 도전은 시간이 흐를수록 점점 강화되고 있다. 이전의 수직적인 권력 체계를 가진 조직 구조에서는 권력의 경계가 명확히 구분되어 있었지만, 수평적인 조직에서는 그 경계가 점점 더 모호해지고 있다. 책임 소재도 모호할 뿐만 아니라, 명확히 밝히기도 어렵다. 관리자들은 조직 내의 한정된 자원을 두고 서로 경쟁을 하지만, 동시에 일을 하기 위해 서로 협력해야 하는 상황에 처해 있는 것이다. 경쟁과 협력의 패러독스는 유능한 관리자들에게 매우 성가신 일이 되었다.

또 외주나 협력사와의 관계가 중요해지면서 관리자들에게 필요한 결정적인 자원들은 조직 내에 있다기보다 외부에 있게 되었다. 이제 어떤 조직도 내부에 필요한 모든 자원을 갖추고 있지 않고, 그렇게 하려고도 않는다.

이러한 변화들은 관리자에게 기대되는 성과 지표가 꾸준히 상승했다는 것을 의미한다. 더 이상 똑똑하거나 인간미가 있다는 것, 즉 지능지수(IQ)나 감성지수(EQ)가 높은 것만으로는 충분하지 않다. 회사에서 똑똑하거나 인간미가 있는 관리자들이 한직에서 고생을 하는 반면, 똑똑하지도, 인간미를 자랑하지도 않는 사람들이 동료를 이용하여 그들을 딛고 조직의 상층부로 올라가는 것은 비일비재하게 볼 수 있는 일이다.

여기에서 필요한 요소는 '정치적 기술'이다. 정치적 기술은 승진하기 위해 동료를 뒤에서 찌르는 것이 아니다. 조직이 어떻게 돌아가고 있는지를 파악하고, 경계와 책임이 점점 더 불분명해진 세계에서 어떻게 하면 능력을 더 개발할 수 있는지 그 방법에 관한 것이다. 위계 서열이 정확하고 확실한 통제가 이루어지는 과거 조직을 갈망하는 사람들에게 이는 매우 성가신 일일 것이다. 하지만 어떤 관리자들은 이런 모호함이 자신의 운명을 만들고 통제할 수 있는 크나큰 기회라고 생각한다.

기회를 도전으로 만드는 것은 이 모호함을 상황에 맞게 개조하는 것이다. 이는 일련의 핵심적인 정치적 기술이 구축되어야 가능한 일이다. 협상, 설득, 아이디어 판매, 네트워크 생성, 변화를 주도하고 만들어내기, 위기와 갈등 관리, 각 조직에서 파워의 재료들을 사용하는 이 모든 것들이 정치적 기술이다. 다행히도 이 기술은 배우고 익힐 수 있는 것들이다.

정치적 기술과 원칙들은 보편적일 수 있지만 이것들을 적용하는 방식은 당신이 일하는 곳에 따라 달라질 수 있다. 성공과 생존의 법칙은 아주 간단하다. 있는 자리에 따라 다르게 행동하고 생각하는 것이다. 예컨대, 위험이란 개념은 투자은행에 있는 트레이더들에게는 필수적인 것이지만 공직자에게는 생명의 위협과 같은 것이다. 파워는 이러한 정치 기술과 법칙들에 대해 단순히 정의를 내리고 이해하는 것이 아니라, 자신의 상황에 맞추어 이들을 실용적으로 적용해야 가질 수 있는 것이다.

정치적 기술을 습득하라

무언가를 만들어내는 방법을 알고 실행하는 것, 이것이 정치적 기술이라 할 수 있다. 이는 실전의 경험에서 배울 수 있다.

오늘날 조직에서 성공을 거두고 싶다면 정치적 기술은 반드시 필요하다. 다행스럽게도 이는 카리스마라든가 영감 같은 마법의 가루가 아니다. 정치적 지수(Political Quotient), 즉 PQ가 높은 관리자들을 관찰해보면 그들이 누구나 배울 수 있고, 누구나 배워야 하는 일련의 핵심 기술에 바탕을 둔 일관적인 행동들을 보인다는 것을 알 수 있을 것이다. 우리는 이 책에서 파워를 가진 사람이 누구인지, 파워는 어디에 있는지, 파워는 어떻게, 언제, 무엇으로, 왜 사용해야 하는지, 여섯 가지의 주제를 통해 살펴볼 것이다.

1. Who & Where, 파워 네트워크를 만들라

정치적 기술의 핵심은 내가 아닌 다른 사람들을 통해 어떤 일을 하게 만드는 것이다. 그런데 특히 IT, 엔지니어링, 법률, 세일즈 등 전문직 출신의 관리자들은 이를 간과하는 경향이 크다. 그들은 짧은 기간 동안에 전문성을 획득하여 커리어를 높인다. 그리고 정체기를 맞이한다. 기술적인 기능과 높은 IQ는 그들에게 그 이상 성공의 원동력이 되어주지 못한다.

그들은 자신들이 과거의 성공 모델을 따르고 배워왔던 것처럼 자신들이 그 성공 모델이라는 박제가 되어 남게 되는 것이다. 반면 신입 사원들은 EQ와 PQ의 차이가 무엇인지 잘 구별하지 못한다. 이 장에서는 이에 대한 개념과 기술을 다룬다.

- 자신의 파워 네트워크를 만드는 법
- 자신의 파워 네트워크 평가하기
- 상사를 이용하는 법
- 파워가 있는 곳을 알아내는 법
- 파워 네트워크의 함정

2. How, 파워를 유통시켜라

대부분의 조직에서는 부서나 프로젝트별로 나뉜 그룹 간의 경쟁을 조장한다. 그래서 '정치적'이라는 것을 동료들과 싸워서 무찌르는 방식이라고 착각하기 쉽다. 그러나 이를 전투로 받아들인다면 당신은 결국 모든 것을 잃게 될 것이다. 당장은 전투에서 이긴다 해도 당신에게는 이내 수많은 적들이 생길 것이기 때문이다.

진짜 정치적인 것은 훨씬 더 미묘한 것이다. 이는 다른 사람들과 '함께' 이기는 방식이다. 그러니 동료들과 전투해야 한다고 생각지 마라. 그들을 이용하라. 그들은 보상이 주어진다면 기꺼이 당신을 도울 것이다. 어떤 관리자들은 본능적으로 네트워크를 구축하고 이용한다. 이런 본능 뒤에는 신뢰를 얻는다든지, 책임감을 구축한다든지, 파트너십을 형성한다든지, 파워의 중심이 된다든지 하는 것들과 같은, 명확하게 구별되고 배울 수 있는 기술들이 자리 잡고 있다. 이 장에서는 이러한 것들의 실질적인 내용과 방법, 대표적인 기술들에 관해 다룬다.

- 파워의 흐름
- 파워를 얻기 위해 신뢰를 쌓는 법
- 파워의 형태 : 속도, 공간, 우아함
- 파워 있는 언어로 말하는 법
- 파워 있는 행동으로 파트너십을 구축하는 법

3. When, 기회를 포착하라

조직 내 파워의 지형이 바뀌는 순간은 언제나 있기 마련이다. 이런 순간은 미리 대비할 수 있다. 대부분은 예측이 가능하기 때문이다. 아무리 갑작스러운 것이라도 회의나 프레젠테이션을 할 때, 결재를 받거나 보고를 하는 것 등은 모두 예측할 수 있고, 준비할 수 있다. 위기나 갈등, 나쁜 소식이 무엇인지 정확히 예측하지는 못한다 해도, 우리는 이런 일들이 언제든지 일어날 수 있다는 것 자체는 예측할 수 있다. 일이 발생한 다음 대처 방안을 마련하기엔 너무 늦다. 위기를 기회로 만들 수 있는 방법들을 미리 익혀두어야 한다. 이 장에서 다룰 관련 기술들은 다음과 같다.

- 선수 치고 통제권을 잡는 법
- 파워 회의
- 파워 프레젠테이션
- 설득의 기술
- 저항과 반대를 극복하는 법
- 거절의 기술
- 위기 관리법
- 고슴도치 다루기

4. What, 파워의 조종간을 당겨라

어떤 사람들은 자신이 파워를 행사할 수 있는 지위에 있다는 것을 알고 있으면서도 정작 이를 사용하는 방법은 알지 못한다. 그들은 마치 민주주의 국가의 왕족처럼 파워를 장식물로만 향유한다. 사람들은 정치적 기술이 정치가에게나 필요한 것이라고 생각하는 경향이 있기 때문이다.

파워를 실행시키기 위해서는 파워의 조종간이 무엇인지, 그 조종간을 어떻게 움직여야 할지 알아야 한다. 유능한 관리자들은 예산, 스태프, 전략, 고객, 보상과 측량, 이 모든 것을 고려해 처리하면서 자신들의 PQ를 통제한다. 반면 어떤 관리자들은 이런 것들을 소극적으로 단순히 집행하기만 한다. 이런 이들에게는 파워가 생기지 않는다. 유능한 관리자들은 어떤 자원을 어디에 배치시키면 일이 더 잘 굴러가게 될지 안다. 이 장에서 그 대표적인 기술들을 소개한다.

- 예산(돈)과 파워
- 성과를 위한 예산 관리법
- 예산 사용에 관한 두 가지 접근법
- 보상과 평가
- 직원과 조직 관리법
- 지식 경제에서의 지식과 파워

■ 프로젝트 관리

5. Why, 파워의 함정을 피하라

파워는 조직 내부를 관통하며 흐른다. 그리고 파워는 사람과 권한, 시대의 정치성에 따라 끊임없이 옮겨 다닌다. 아무것도 하지 않는 것은 관리자들에게는 선택 사항이 아니다. 아무것도 하지 않는 것은 파워를 빼앗겼다는 것을 의미하기 때문이다. 따라서 힘 있는 사람으로 남고 싶다면 파워를 사용할 줄 알아야 한다. 그러나 애석하게도 이 사용법에 대한 훈련 매뉴얼이나 교과서, 이론서 같은 것은 어디에도 존재하지 않는다. 파워를 사용하고자 한다면, 때로는 비합리적인 행동을 하는 방법도 배워야 한다. 합리적인 행동으로 아무것도 얻을 수 없을 때도 있기 때문이다. PQ가 높은 관리자들은 자신들이 싸워야 하는 전투가 무엇인지, 그 전투에서 어떻게 싸워야 하는지, 어떻게 하면 승리할 수 있는지를 안다.

■ 파워의 환영과 실제를 구분하는 법
■ 파워 의제(agenda)의 설정
■ 비합리적인 경영 관리 기술
■ 비즈니스 세계의 전투 전략

contents

4장 When, 기회를 포착하라

5장 What, 파워의 조종간을 당겨라

6장 Why, 파워의 함정을 피하라

1장
파워의 법칙
POWER AT WORK

당신은 앞으로 일련의 핵심 기술들을 연습함으로써 PQ를 높일 수 있게 될 것이다. 하지만 먼저 이 기술을 실행하기 위한 법칙들을 이해하는 것이 좋다. 자신만의 PQ를 개발하기 위해서는 기본적으로 파워의 특성, 파워에 대한 자신의 적성, 그리고 주변 환경을 이해해야 한다. 이 장에서는 다음의 내용을 살펴볼 것이다.

- 조직 내 파워의 특성
- 정치적 지수(PQ) 평가하기
- 정치적 환경(PE) 평가하기
- PQ와 PE로 자신의 위치 평가하기
- 파워의 10가지 법칙

조직 내 파워의 특성

파워를 구축하고 싶은가? 그렇다면 파워가 무엇인지 먼저 알아야 할 것이다. 조직에서의 파워는 공식적인 파워, 전문가 파워, 의제 설정 파워, 네트워크 파워가 있다.

공식적인 파워

회사에서의 파워라고 하면 사람들은 일반적으로 공식적인 파워를 생각한다. 직원이나 예산, 기타 회사 내에서 운용되는 자원들을 관리하고 의사결정을 하는 것 말이다. 이는 관리적인 의미에서 매우 유용한 파워이기는 하지만 여기에만 초점을 맞추면 다음과 같은 문제점들이 발생할 수 있다.

- 단순한 조직이건 복잡한 조직이건 대부분의 회사에서는 관리
  자들이 자신들의 책임을 완벽히 완수할 수 있을 만큼의 공식적
  인 파워를 가지고 있는 경우란 거의 없다. 공식적인 파워에만
  의존한다면 그만큼 큰 좌절을 겪게 될 것이다.
- 파워를 가지는 게 유용하다는 것은 누구나 안다. 그러나 대부
  분의 사람들이 진짜 궁금해하는 것은 이러한 공식적인 파워를
  어떻게 얻을 수 있느냐는 것이다.
- 공식적인 파워는 그것을 완전하게 사용할 수 있는 범위 내에서
  만 유용하다. 당신이 그것을 가졌느냐, 가지지 못했느냐의 문
  제가 아니라 그것을 어떻게 사용하느냐의 문제인 것이다.

당신이 공식적인 파워를 얻고자 한다면 먼저 세 가지 비공식적 파
워를 사용해야 한다. 전문가 파워, 의제 설정 파워, 네트워크 파
워가 그것이다.

전문가 파워

전문가 파워는 매우 매혹적이지만 그 힘은 약하다. 대개 사회
에 첫발을 내놓고 자신의 커리어를 시작할 때 사람들은 그 분야의

기능적인 기술들을 먼저 배우게 된다. 그 기술에 능숙해지고, 그 기술로 인해 성공을 하게 되면, 사람들은 그 기술의 감옥 안에 갇히게 된다. 그러나 기술적으로만 숙련된 전문가들은 회사 내에서 어느 계급 이상은 올라갈 수 없다. 외주처로 떨어지거나 한직으로 밀려나게 될 때까지 그들은 자신의 전문성에 합당한 대우를 받기 어렵다. 이런 전문가들이 실제 파워를 행사하는 계급까지 올라가는 일은 거의 드물다.

큰 성과를 내는 사람들은 대부분 중간 관리자급에 포진되어 있다. 커리어의 계단을 건너뛰어 올라가는 사람들은 이들보다 전문성은 떨어져도 정치적으로 능숙한 사람들이다. 이들과 실제적으로 행동을 함께한다면, 당신은 그 중간 집단에서 빠져나와 위로 올라갈 수 있을 것이고, 드물지만 전문가에서 위대한 리더로 거듭날 수 있게 될 것이다. 톱 영화배우와 톱 스포츠 스타처럼 전문가들은 사람들에게 경외의 대상이기는 하지만 실제 파워를 가지고 있지는 않다. 명성과 파워는 다르다.

의제 설정 파워

강한 형태의 개인적인 파워는 회사의 모든 부서, 직위에 상관없이 사람들이 주목할 만한 의제를 만드는 것에서 나온다. 강력한 의제를 제시하는 관리자는 자신의 존재감을 회사 내에 드러내고 영향력을 행사할 수 있게 된다. 그를 지원하는 네트워크를 구축하기가 손쉬워지고, 결국 머지않은 장래에 회사의 가장 큰 책임과 권리를 가지는 자리에 앉게 될 가능성이 높아진다.

의제를 제시한다는 것은 일상적인 회의에서부터 예외적인 위기 상황까지 모든 과정들을 관리할 권한과 능력을 가진다는 것을 의미한다.

네트워크 파워

네트워크 파워는 관리자가 가질 수 있는 가장 커다란 힘이다. 권한보다 책임이 더 큰 회사일수록 관리자들에게는 무언가를 발생시킬 수 있는 영향력과 지원, 동료라는 네트워크가 필요하다. 자신이 가진 기술과 권한만으로는 결코 성공할 수 없다. 따라서 조직의 나머지 자원과 기술들을 활용할 수 있는 방법을 알아야 한다. 이 네트워크 파워가 성공을 위한 PQ의 핵심이다. 성공적인 네트워크는 넓고 강한 힘을 가지고 있다. 사람들이 당신이 자신에게 영향력을 행사하고 있고, 자신들을 통해서 무언가를 발생시킨다는 것을 아는 것은 중요하지 않다.

정치적 지수(PQ) 평가하기

앞서 소개된 유형의 파워 중 당신이 이미 가지고 있는 파워가 있는지 점검해보자. 믿기지 않겠지만 회사 내에서 당신은 이미 파워를 가지고 있다. 즉, 어떤 파워를 얻고자 할 필요는 없다는 이야기다. 그러나 당신의 파워가 적절한 종류가 아니거나, 충분치 못하기 때문에 파워가 없다고 생각하고 있을 뿐이다. 당신에게 부족한 것, 그 결함이 무엇인지 안다면 그것을 보강할 준비를 할 수 있다.

표 1-1은 간략하게 만든 PQ 체크리스트이다. 이 체크리스트를 통해 당신이 가지고 있는 파워의 종류가 무엇이고, 그 파워는 얼

마나 되는지 명확하게 알아보자. 공식적인 파워는 이 표에서 다루지 않는다. 공식적인 파워는 PQ의 결과이지 원인이 아니기 때문이다. 공식적인 파워를 얻고 싶다면 먼저 당신의 비공식적인 파워를 구축하여 PQ를 높여야 한다. 표 1-1에 제시된 각각의 문항에 대해 답하고 자신의 점수를 매겨보자. 이론적이지만 점수는 신뢰할 만하다.

[표 1-1] 정치적 지수 평가표

	1 매우 아니다	2 아니다	3 보통	4 그렇다	5 매우 그렇다
1. 동료들은 전문적인 업무에 대해 나의 조언을 구한다.					
2. 나는 내 상사가 올해 하려고 하는 주요 의제 세 가지가 무엇인지 알고 있다.					
3. 나는 폭넓은 범위의 동료들에게 지원을 받을 수 있다.					
4. 모든 사람들이 나를 내 영역에서 전문가라고 인정한다.					
5. 나는 내 상사의 상사가 올해 하려고 하는 주요 의제 세 가지가 무엇인지 알고 있다.					
6. 나는 동료들의 생일, 가족, 과거사 등에 대해 알고 있다.					
7. 나는 나의 부하직원이 다루고 있는 가장 도전적인 문제들을 해결해줄 수 있다.					
8. 내 업무는 내 상사의 승진이나 보너스에 중대한 역할을 한다.					
9. 나의 동료들은 내 전문 영역 외의 것들에 대해서도 내게 지속적으로 조언을 구한다.					
10. 나는 내 전문 영역에서 가장 어려운 업무를 수행한다.					
11. 나의 상사의 상사는 내 업무를 적극적으로 지원한다.					
12. 나는 동료들의 의제가 무엇인지 알고 있고, 내가 필요한 것을 그들의 의제에 맞춘다.					

13. 나는 내 전문 영역에서 대외적 발언권(클라이언트, 컨퍼런스 등)을 가지고 있다.				
14. 나는 내 상사의 업무 스타일을 알고, 그 스타일에 맞추어 일한다.				
15. 나는 내 동료의 업무 스타일을 알고, 그 스타일에 맞추어 일한다.				

전문가 파워에 관한 지수

: 1, 4, 7, 10, 13번 질문의 점수를 합산하라

- 20점 초과 : 당신은 당신의 영역에서 가치 있는 전문가이다. 이 능력은 당신을 조직에서 매우 유능한 인재로 만들어주었을 것이다. 하지만 이는 당신에게는 덫이 될 수 있다. 자칫 전문가라는 꼬리표를 떼어내기 힘들기 때문에 당신 역시 상자 속 전문가로 남게 될 수도 있다. 이것은 명백하게 실용적이며 안전한 선택이지만, 파워로 가는 길을 열어주지는 않는다.

- 15점 이상 20점 이하 : 당신은 아마도 당신이 선택한 직업에서 능력을 보이고 있을 것이다. 이것은 당신에게 네트워크를 구축하고, 의제를 만들고, 정치적 힘을 구축할 기반을 만들어준다. 당신은 상자 속 전문가의 덫에 걸릴 위험이 없다.

- 15점 미만 : 당신은 업무를 아직 더 배우고 익혀야 한다. 혹은 당신에게는 전문적인 능력으로 회사에서 살아남을 수 있을 만

큼 이쪽으로는 자질이 없다. 성공하고 싶다면, 전문적 기술은
어느 정도 적당한 선까지만 익히고, 정치적 기술과 다른 사람
들을 통해서 성과를 내는 능력을 당신의 기반으로 삼아라.

의제 설정 파워에 관한 지수
: 2, 5, 8, 11, 14번 질문의 점수를 합산하라

- 20점 초과 : 당신은 당신의 커리어를 승승장구시킬 굉장히 영
  향력 있는 의제를 제시하고 눈에 띄는 존재로 일하고 있다. 당
  신에게는 두 가지 앞날이 있다. 초고속 승진을 하거나 아예 바
  닥으로 빠르게 추락하는 것이다. 당신은 힘 있는 의제를 가지
  고 정치적으로 수직 상승할 수 있는 길 위에 있다.

- 15점 이상 20점 이하 : 당신은 수많은 동료들과 함께 사냥을 하
  고 있다. 당신은 수많은 동료들을 따라 가치 있는 일을 시작하
  고 있을 것이다. 이제 무리에서 나와 우뚝 서는 법을 배워야 한
  다. 조직에서 당신이 부각될 수 있도록, 당신의 평판을 높여줄
  수 있는 자신만의 목소리를 개발해야 할 필요가 있다.

- 15점 미만 : 당신은 조직 내에서 주목받을 수 있는 능력이 부족
  하다. 당신의 상사는 아마 당신의 존재를 일상적으로 무시하

고 있을지도 모른다. 즉 조직에서 없어도 상관없을 사람으로 보일 수도 있다는 말이다. 상사를 지원할 수 있는 보다 중요한 아이템과 더 나은 의제를 찾아라. 그게 안 된다면 새로운 상사를 찾아라.

네트워크 파워에 관한 지수
: 3, 6, 9, 12, 15번 질문의 점수를 합산하라

- **20점 초과** : 혹시 당신의 진짜 이름은 마키아벨리가 아닌가? 당신은 네트워크를 만들 수 있는 자질을 본능적으로 타고났다. 당신은 공식적인 권력에 의지하지 않고도 동료들과 기회를 잡아 무슨 일이든 해낼 수 있다.

- **15점 이상 20점 미만** : 당신은 복잡하고 모호한 조직 세계에서 살아남을 수 있는 능력이 있다. 진보하고, 진짜 무엇인가 일을 해내고 싶다면, 당신은 조직 내의 모든 직급에서 네트워크를 구축해야 한다.

- **15점 미만** : 내가 이 책을 쓴 것은 당신 때문이다. 당신은 매우 근면하고 성실하며 똑똑할 것이다. 때문에 당신은 정치적인 상사나 동료들이 찾고 있는 이상적인 파트너이다. 그들은 당

신의 호의와 전문성을 자신들의 커리어를 높이는 데 이용할 것이다. 당신은 동료들과의 관계에서 균형을 잡을 필요가 있다. 당신이 주는 것보다 그들에게서 더 많이 쟁취하라.

정치적 환경(PE) 평가하기

모든 조직은 정치적이다. 단지 정도의 차이가 있을 뿐이다. 상대적으로 정치성이 약한 조직일수록 공식적인 파워가 크고, 예측 가능성이 높고, 조직 내의 규칙과 일의 진행 과정이 투명하다.

조직은 계급 체계를 가진다. 생존과 성공의 규칙은 직급이 낮을수록 매우 분명해진다. 예를 들어, 새로 온 영업사원에게는 힘에 부치는 세일즈 목표를 부여해준다. 낮은 직급에서는 이처럼 성공의 형태가 분명하다. 하지만 직급이 올라갈수록 생존과 성공의 규칙은 불분명해진다. 모호한 것들이 많아지고, 기회와 위험이 증대된다. 공식적 혹은 비공식적인 게임의 법칙은 여기에서는 적용되지 않는다.

표 1-2의 테스트는 당신이 몸담고 있는 조직의 정치적 환경을 평가하는 것이다. 표 1-2에 있는 20개의 질문에 답하라. 같은 조직이라도 부서에 따라, 상사에 따라 정치적 강도가 다르다는 것을 알게 될 것이다. 질문을 다 체크하고 나면 이 책의 맨 뒤 부록에 있는 점수 가이드를 보라. 당신을 둘러싼 환경이 가진 정치적 강도가 어느 정도인지 알 수 있을 것이다. 그런 다음 당신의 스타일을 조직의 환경에 적응시켜라.

[표 1-2] 정치적 환경 지수 평가표

	1 매우 아니다	2 아니다	3 보통	4 그렇다	5 매우 그렇다
1. 내가 책임져야 할 것이 내 권한보다 크다.					
2. 자원들이 전략적, 합리적으로 분배되어 있다.					
3. 당신이 가진 자원들은 당신이 교섭한 결과물이다.					
4. 올해 나의 목표는 명확하다.					
5. 나의 목표는 일 년 동안 변하지 않고 유지된다.					
6. 조직의 승진 시스템이 공정하고, 합리적이고, 투명하다.					
7. 승진하기 위해 당신에게는 강한 후원자가 필요하다.					
8. 할당된 일들이 조직의 필요와 개인의 욕구 사이에서 적절한 균형을 맞추고 있다.					
9. 당신이 하고 있는 일은 스스로 교섭한 결과물이다.					
10. 모두에게 돌아갈 만큼 승진 자리가 충분하지 않다.					
11. 공평하게 모두에게 돌아갈 만큼 보너스가 충분하지 않다.					

12. 나의 상사는 자주 팀 전체를 칭찬한다.					
13. 실수는 사람들이 배우고 성장할 수 있는 쪽 으로 이용한다.					
14. 문제는 상사가 발견하기 전에 해결된다.					
15. 생존과 성공의 실제 법칙은 어디에도 써 있지 않다.					
16. 우리는 업오어아웃(Up or Out, 일정 연한 내 에 승진하든지 아니면 그 조직에서 떠나야 한다는 일부 기업의 불문율)을 준수한다.					
17. 우리 조직은 고도로 윤리적이고 도덕적인 조 직이다.					
18. 정직이 최상의 가치다.					
19. 정치적으로 기민한 사람이 먼저 승진한다.					
20. 나는 나의 상사를 전적으로 신뢰한다.					

이 지수에서 중간 수준은 70점이다. 이 점수가 일반적인 수준의 정치적 강도를 나타낸다. 만약 이보다 점수가 낮다면, 상대적으로 비정치적인 조직이다. 어떤 것이든 55점 이하라면 비정상이다. 당신은 당신 주변을 빙빙 돌고 있는 정치적인 사항들에 대해 스스로 잘 이해하고 있는지 확인하고 싶을 것이다. 만약 그렇지 않다면 당신은 매우 순수한 사람이다.

80점 이상이라면 정치적인 강도가 보다 강하다는 것을 나타낸다. 이는 전문적인 서비스 회사나 복잡한 구조를 지닌 대기업들에서 많이 나타난다.

PQ와 PE로 자신의 위치 평가하기

우리는 앞서 PQ와 PE 지수를 평가했다. 이제는 두 가지 측정 결과를 이용하여 당신이 처한 상황에서 어느 위치에 있는지를 평가할 것이다. 표 1–3 위에 다음의 사항을 참고하여 기록해보라.

PE 지수가 70점 이상이라면 가로열의 정치적 환경에서 높음에 체크하라. 즉 오른쪽에 체크하라. 다음엔 PQ에서 네트워크 파워와 의제 설정 파워의 점수를 합산하라. 30점 이상이면 상대적으로 PQ가 높은 관리자에 속한다. 즉, 상단에 체크하라. 높음과 낮음으로 구분되는 박스들 간의 차이는 극명하다. 당신은 좌표의 모서리보다 중간쯤에 가깝다는 것을 알게 될 것이다.

[표 1-3] 정치지수/정치환경지수의 사분면

	PE지수 낮음	PE지수 높음
PQ가 높은 관리자	**여우 유형** ■ 자신과 조직의 이익을 위해 일을 발생시킨다. ■ 빨리 움직이지만 그만큼 적도 빨리 늘어난다. ■ 조직에서 경계와 감탄을 동시에 받는다.	**상어와 함께 헤엄치는 유형** ■ 이익을 위해 모호성과 불확실성을 이용한다. ■ 공식적/비공식적 시스템을 효율적으로 운영한다. ■ 실속과 스타일을 모두 관리한다. 외양과 실제 성과 모두 중시한다.
PQ가 낮은 관리자	**양 유형** ■ 공평과 효율성이라는 두 별자리에 의해 인도받는다. ■ '당신의 차례를 기다려라' '분란을 만들지 마라'가 좌우명. ■ 결과만큼 과정도 중요하다.	**도축된 염소 유형** ■ 먼저 일을 잘 해내야 한다고 믿는다. ■ 줄서기에서 밀려난 전문가들이 종종 있다. ■ 한직에서 좌절감을 느낄 가능성 있다.

성공이나 실패, 혹은 조직에서 살아남는 데는 일단 당신의 유형과도 관련이 있지만, 이 모형에서 어디에 있든지 당신이 하기 나름인 측면도 있다. 도축된 염소 유형이라 해도, 파워가 있는 자리를 넘보지만 않는다면 성공할 수 있다. 실력 있는 전문가로 남아 있는 것에 만족한다면, 조직 내에서 가치를 인정받으며 안전을 보장받을 수 있는 것이다. 이들은 힘에 죽고 사는 정치적인 플레이어들보다 재난에서 살아남을 확률이 더 높다.

여우 유형은 도축된 염소 유형의 바로 반대편에 위치한다. 그들은 PE 지수가 낮은 조직에서는 강력한 정치적 운영자이다. 이들은 커리어의 상승을 즐긴다. 그리고 대개 빠르게 성공하거나 빠르게 몰락한다. 이들은 정치적으로 신중하게 행동해야 한다.

정치성이 너무 드러나면 정치성이 상대적으로 낮은 회사에서는 커리어 상승에 오히려 걸림돌이 되기 쉽기 때문이다.

양 유형과 상어 유형은 그들이 살고 있는 각각의 조직 환경에 적합한 특질이다. 양떼들은 기계적인 관료주의 조직에서 중간 관리자급에 존재한다. 중앙 정부, 공기업, 연금 공단과 같은 곳은 그야말로 양떼목장이라 할 만하다. 양 유형은 위로 올라갈수록 도전에 직면한다. 양에서 여우나 상어로 괄목할 만한 변신을 해야 하는 것이다. 양 유형들은 중간 관리자급 이상의 지위로 올라가고 나서야, 위로 올라가면 정치성과 모호함, 불확실성, 기회와 위험이 모두 증가한다는 것을 알게 된다. 그들이 살아남고자 한다면 새로운 규칙과 프로세스를 배워야만 한다. 그래야만 성공의 길로 들어설 수 있다.

상어 유형은 조직이 복잡할수록 흔히 볼 수 있는 유형이다. 모든 사람들이 순서대로 승진하는 기능적인 계급 체계의 확실성과 견고함은 오늘날의 조직에서는 발견하기 힘들다. 오늘날 직장은 기회와 위험과 불확실성으로 가득 차 있다.

따라서 파워의 법칙을 배우는 것은 더 이상 성공의 부가적인 선택 사항이 아니다. 많은 조직들이 이해하는 파워란 어떤 일을 효과적으로, 그리고 가능하게 만드는 유일한 방법이다.

파워의 10가지 법칙

유능한 관리자들에게는 반복적으로 나타나는 몇 가지 행동들이 있다. 마치 생각의 구조에 기본 값을 저장하고 그에 따라 자동으로 움직이는 것처럼 행동한다. 상황이 불확실하고 모호하며 도전적일수록 그들의 이런 행동은 더욱 두드러진다. 이것이 정치적 기술의 핵심이다. PQ가 높은 사람일수록 파워의 10가지 법칙이 일관되게 나타난다. 파워의 10가지 법칙은 다음과 같다.

1. 컨트롤하라

CEO가 되고 난 다음에 직원들을 컨트롤하겠다는 생각은 버려

라. PQ가 높은 사람들은 조직의 어떤 위치에서든, 어떤 것이든 컨트롤할 수 있다. 컨트롤하는 것은 명확한 의제를 가지고 그 의제대로 행동하는 것만큼이나 간단하다. 다음의 세 가지 사항에 근거하여 당신의 의제를 설정하고, 그것을 외부에 공표하라.

- 어디에 있는가.
- 가고 있는 곳은 어디인가.
- 어떻게 하면 그곳에 도달할 수 있는가.

　명확한 의제를 가지고 컨트롤함으로써 당신 자신은 물론 동료들을 위해 집중해야 할 주제와 초점을 만들어내고 상황에 명쾌함을 부여하게 된다. 만약 그들이 당신의 의제에 동의하지 않는다 해도 최소한 토론의 주제는 당신이 낸 안건이지 다른 사람의 것이 아니다.

　모호함과 위험이 있는 위기와 갈등 상황을 컨트롤하는 것은 특히 더 중요하다. 대부분의 사람들은 이런 상황을 회피하지만 PQ가 높은 관리자들은 이름을 떨칠 기회로 본다.

2. 지지 기반을 구축하라

　해내야 할 업무를 수행하기 위해 모든 자원들을 컨트롤할 수는 없다. 동료나 하청업자의 도움이 필요할 것이다. 때로 당신은 그들에게 "이건 저 위에 계신 높으신 양반이 하라고 한 건데"라며 당신을 위해 무엇인가를 해줄 것을 강요할 수도 있다. 그러나 먼저 그들이 당신을 지지하게 만든다면 당신의 네트워크 밖에서도 더 많은 것을 얻게 될 것이다.

지지 기반을 구축한다는 것은 곧 신뢰를 구축한다는 것이다. 이를 위해 상호 이해(공유된 가치)와 상호 존중(실행에 대해 말하는 것)에 대해 배워야 한다. 신뢰를 구축하는 것은 우정을 쌓는 것과는 다르다. 우정은 사적인 관계에서 쌓아라. 일로 만나는 사람들과는 우정이 아닌 신뢰를 쌓아야 한다.

3. 모방하라

중간 관리자처럼 보이고 싶고 행동하고 싶은가? 그렇다면 당신은 언제까지나 중간 관리자로 머물게 될 것이다. 이런 당신의 생각이 별것 아니라고 생각할 수도 있다. 그러나 당신보다 두 직급 위의 사람들이 어떻게 옷을 입고, 어떤 말을 하고, 행동을 하는지 관찰해보라. 만약 그들의 행동과 당신의 행동 사이에 큰 차이가 느껴진다면 당신은 변해야 한다.

이것을 단지 옷 입는 법이나 따라 하라는 얄팍한 속셈으로 치부할 수도 있다. 하지만 생각해보자. 당신은 겉으로 보이는 모습만으로 사람을 평가해서는 안 된다는 걸 알지만, 실제로는 그렇게 하고 있지 않은가. 이는 꽤 미묘한 것이다.

중역들은 중역 회의에서 300페이지짜리 프레젠테이션 같은 것으로 상대를 설득하는 짓은 하지 않는다. 그들은 일단 앉아서 그 주제에 대해 명확하게 이야기한다. 아직도 길고 긴 프레젠테이션을 하는가? 여전히 이런 것에 의지한다면, 결국 당신은 평생 중간 관리자로만 남을 것이다. 반대로 중역들의 파트너처럼 그들의 의제가 진행되도록 도움을 주는 행동을 한다면, 당신은 그들의 파트너 이상으로 대접받을 것이다. 이것이 파트너십의 법칙이다. 부하처럼 행동하지 말고 파트너처럼 행동하라.

4. 먼저 공격하라

선제 공격을 시도함으로써 당신의 언어로 의제를 설정하고 컨트롤하라. 확실한 것이 없고 모호하며 미심쩍은 것들만 있는 상황에서 사람들이 그 움직임을 예의 주시하며 기다리는 동안 당신이 상황을 컨트롤하고 싶다면 용기를 내 먼저 공격하라. 선제 공격의 이점은 다음과 같다.

■ 예산 협상 : 전체 구상안이 당신에게 하달되기 전에 이사회와 주요 의제들에 대해 합의하라. 구상안이 일단 만들어지고 나

서 행동하면 당신의 책략은 80퍼센트 이상 쓸모없어진다.

- 위기 관리 : 위기가 빨리 진정될수록 거기에 들일 수고는 줄어든다. 당신에게 해결 방안이 있다면 통제권을 쥐고 있어라. 늦게 행동한다는 것은 곧 위기가 점점 더 악화되고 당신이 통제권을 잃을 위험이 커진다는 것을 뜻한다.

- 적절한 지위를 얻을 수 있다. 인사부서에서 인사이동 공고가 날 때까지 기다리는 것은 너무 늦다. 당신이 구축해놓은 네트워크가 당신에게 어떤 기회가 오고 있는지 미리 알려줄 것이다. 당신이 원하는 곳에 있는 그 사람들과 당신이 같은 라인에 서 있는지 확인해보라.

- 회의를 조종하고 반대 세력을 극복할 수 있다. 회의는 결정하기 위한 수단으로 이용하는 것이 아니다. 당신이 가지고 있는 의제와 관련된 사항이 회의에서 다루어진다면, 긍정적인 방향으로 결론지어질 가능성이 크다. 모든 잠재적인 반대 세력들은 공식 회의 전에 사적인 혹은 비밀스러운 회의에서 제압해야 한다.

5. 자신의 전투를 선택하라

전투라는 것은 조직 생활의 특성 중 하나다. 재화, 보너스, 승진 자리는 언제나 부족하기 때문에 갈등도 언제나 존재한다. PQ

가 높은 관리자들도 싸우기는 한다. 단, 가장 필요한 싸움만 한다. 싸움도 골라서 해야만 한다.

- 싸울 가치가 있는 보상이 있을 때 싸워라.
- 당신이 이길 것이라는 확신이 있을 때 싸워라.
- 싸우는 것 외에 당신이 얻고자 하는 목적을 달성할 방법이 없을 때만 싸워라.

이 세 가지 법칙 중 하나의 조건도 만족하지 않는 전투라면, 당신은 패배할 것이다. 회사에서의 전투란 그런 법이다.

6. 가끔은 비합리적일 필요가 있다

당신이 합리적인 관리자라면 당신은 곧 비용 절감, 수익 목표 달성, 그리고 경쟁사에 대항하여 빠른 시간 안에 새로운 시장에 진입하는 것 등이 왜 이루기 어려운 일인지 깨닫게 될 것이다. 변명을 받아들이는 순간 실패를 받아들여야 할 것이다.

PQ가 높은 관리자들은 그들이 불가능하다고 생각한 일을 가능하게 만들기 위해 언제, 그리고 어떻게 사람들을 바짝 조여야 하는지 잘 안다. 사람들은 긴장함으로써 배우고 발전하다. 사람들을 긴장시킴으로써 조직은 성장하고 발전한다. 이런 것들을 최대로 이용할 줄 아는 관리자들이 있다. 그러나 어떤 이들은 이를 너무 극단적으로 이용하는 바람에 오히려 사람들의 능력을 망가뜨리기도 한다. 지나치게 남성적인 관리법은 장기적으로는 인력 손실과 경제적 손실을 야기한다. PQ가 높은 관리자들은 선택적으로 비합리적인 행동을 함으로써 장기적인 성과를 만들어내는 방법을 알고 있다.

7. 파워가 있는 곳으로 가라

모든 조직에는 파워의 구심점이 존재한다. 조직의 차기 리더들이 훈련받고 조직을 움직이는 곳은 대개 직무 혹은 비즈니스를 나누는 부서들이다. 핵심적인 결정과 중요한 직위로의 인사이동은 대개 이곳에서 이루어진다. 당신이 있어야 할 곳은 바로 여기다. 파워의 중심부에서 살아가고자 한다면 엄청난 노력과 불편함이 뒤따를 것이다. 하지만 이곳이 네트워크를 구축하고, 조직 내에 발생하는 사건들에 영향을 주고, 당신의 커리어를 가속시킬 최상의 장소이다.

8. 모호성을 포용하라

모호성이란 위험을 뜻하기도 하지만 기회를 뜻하기도 한다. 모호하다는 것은 관리자가 채워야 할 공백이 있다는 뜻이기 때문이다. 모호성은 아직 누구도 가지지 못한 불확실한 의제가 있는 곳에서 발생한다. 예를 들면 다음과 같다.

- 팀 외부에서 이루어지는 회의를 어떻게 체계화할 수 있을까?
- 새로운 경쟁자들의 움직임에 어떻게 대응할 수 있을까?
- 새로운 프로젝트에서 누가 일할 것인가?
- 이 위기를 어떻게 다룰 수 있을까?

PQ가 높은 관리자들은 누구보다 빨리 움직이고 선택한 기회들을 컨트롤한다. 이는 다른 관리자들로 하여금 그들이 제안한 의제에 반응하고 지지 역할을 하게 만든다. PQ가 높은 사람들은 긍정적이고 행동력 있는 사람으로 눈에 띈다. 이들이 명성을 얻으려면, 성공하는 모습을 보여주기만 하면 된다.

그리고 이들은 '엔딩 크레딧'을 다른 사람들과 공유한다. 자신이 다른 사람들을 통제하고 관리하고 있다는 사실을 드러내면서도, 사람들로부터 도움과 지지를 받았음을 표현하는 데 인색하지 않다. 그러나 명심하라. 완전한 단역배우들은 영화의 엔딩 크레딧에 이름이 올라가지 않는다.

9. 결과에 집중하라

결과에 주의를 집중해야 하는 것은 자명한 진리다. 그러나 사람들은 분석 자료와 진행 과정이나 그 안에서 발생할 문제에 집중한다. 결과에 집중해야 결과를 만들어내고, 컨트롤하고, 긍정적인 사람으로 보이며, 갈등을 다룰 수 있게 된다. 결과에 집중하는 법을 배우고 싶다면 먼저 제대로 된 질문을 하라.

- 결과에 상관없이 회의에서 내가 얻고자 하는 것은 무엇인가?
- 다른 부서와의 갈등 발생 시, 내가 얻고자 하는 결과는 무엇인가? 그리고 과연 싸울 가치가 있는가?
- 우리에게 필요한 결과는 무엇인가? 누군가를 비난하지 말고 무엇이 잘못되었는가를 밝혀라.

PQ가 높은 관리자들은 결과에 집중하여 자신을 긍정적이고 활동적으로 보이게 한다. 동시에 상대적으로 분석 자료와 문제에만 집중하는 사람들을 수동적이고 부정적으로 보이게 한다. 이는 불필요한 갈등을 최소화한다. 결과에 초점을 맞추어 누군가를 비난하거나 무엇이 잘못되었는가에 대해 논쟁하는 대신, 앞을 내다보고 행동을 조종하라.

10. 사용할 것인가, 잃을 것인가

일단 당신의 손아귀에 파워의 조종간이 들어온다면 그것을 사용하라. 그것을 잘 사용할수록 당신은 공식적인 파워를 더 얻게 될 것이다. 물론 잘못 사용한다면 당신은 공식적인 파워를 잃게 될 것이고 최악의 경우 일자리마저 잃을 수도 있다.

많은 관리자들이 공식적인 파워가 주어지면 이를 안전하게만 사용하려고 한다. 이전과 비슷한 전략, 예산, 집행안을 계속하여 반복할 뿐이다. 다음 해의 예산, 전략, 집행안에 관한 최상의 예측지표는 바로 올해의 예산, 전략, 집행안이다. 당신의 목표가 단지 살아남는 것이라면 안전하게 움직이는 것이 합리적일 것이다.

그러나 성공하고 싶다면 다르게 행동해야 한다. "이 규칙 안에서 내가 낸 성과는 이전과 어떤 차별점이 있는가?"라는 질문에 자신 있게 대답할 수 있는가? 간단하지만 많은 리더들이 대답하지 못하는 질문이다. 10년 전 당신 조직의 리더가 이룩해낸 것이 무엇인지 생각해보라. 10년 후 당신이 남길 것은 무엇이며, 어떻게 기억될까? 올해의 예산안에서 예산을 6퍼센트 이상 조정한 것 같은 일들을 사람들은 절대 기억하지 못할 것이며, 당신조차 그 사실을 기억하지 못할 것이다. 진짜 차이를 만들어낼 수 있는 쪽으로 당신의 파워를 사용하라.

Who & Where

파워 네트워크를 만들라

조직에서의 성공은 파워와 영향력 있는 네트워크를 만드는 데 달려 있다. 당신 혼자서 모든 것을 할 수는 없다. 당신에게는 어떤 일을 가능하게 할 적절한 동료와 적절한 장소가 필요하다. 첫 번째로 해야 할 일은 적절한 사람은 어떤 사람인지, 그들을 어디에서 찾을 수 있는지 아는 것이다.

- **자신의 파워 네트워크를 만드는 법**
- **자신의 파워 네트워크 평가하기**
- **상사를 이용하라**
- **파워가 있는 곳으로 가라**
- **파워 네트워크의 함정**

자신의 파워 네트워크를 만드는 법

혼자서 성공할 수 있는 관리자는 없다. 관리자의 업무 핵심은 다른 사람들이 일을 하게 하는 능력이다. 당신은 전통적으로 조직의 가장 중요한 곳에 관여하고 있는 동료와 네트워크를 유지해야 한다.

무능한 관리자들은 윗사람의 권위에 의존한다. 직속 상관은 당신의 성공에 근본적인 영향력을 행사할 수 있다. 그러나 상사에게 기대려고만 한다면 당신은 그의 노예가 될 뿐이다.

파워 네트워크란 당신의 직속 상관을 뛰어넘는 파워와 지원의 그물망을 짜는 것이다. 이러한 파워 네트워크는 당신이 선택하는 경력의 폭을 넓혀주고 안정성을 보장해줄 뿐만 아니라, 당신을 조직 전체에 걸쳐 일할 수 있는 사람으로 만들어준다.

다음은 당신의 파워 네트워크 안에 있어야 할 사람들의 유형을 제시한 것이다. 상사를 제외하고, 크게 여섯 가지로 나눌 수 있다.

- 대부 · 후원자(Godfather)
- 게이트키퍼(Gatekeeper, 회사의 접수계나 비서)
- 전문가(Technician)
- 코치(Coach)
- 인플루언서(Influencer, 영향력이 있는 사람)
- 공헌자(Contributor)

여기서 당신의 상사가 빠져 있는 이유를 알고 있는가? 파워 네트워크는 조직의 공식적인 시스템을 뛰어넘을 수 있는 비공식적인 네트워크를 구축하는 것이기 때문이다. 그렇다고 당신의 상사가 중요하지 않다는 뜻은 아니다. 당신의 상사는 따로 설명할 부분을 할애해야 할 만큼 중요하다.

대부 · 후원자

마피아의 대부를 떠올려보자. 이 사람은 뭔가를 일으킬 수 있는 파워와 권력을 가지고 있는 보스이다. 이 힘 있는 형님들은 무슨 일이 일어나고 있는지 파악하는 것을 즐기고, 일을 시킬 수 있는 잠재적인 동료 그룹을 만들고 확장하기를 좋아하며, 자신만의 권한이 가치 있음을 느끼고 싶어한다. 때문에 당신이 충성을 맹세하기만 해도 이 형님들은 당신의 네트워크에 들어올 것이다. 때문에 당신이 충성을 맹세하기만 해도 이 형님들은 곧바로 당신의 네트워크에 들어올 것이다.

내 이름은 플래쉬이다. 내 옆자리에는 동료 페어리가 있다. 우리 둘은 모두 브랜드 관리팀이다. 어느 날 우리의 진짜 대부인 CEO께서 비공식적으로 행차하셨다. 가히 왕족의 방문이 아닐 수 없었다. 그는 우리에게 일이 어떻게 진행되고 있는지 물었다. 나는 그에게 "모든 것이 잘되고 있습니다. 그럼요, 잘되고 있습죠"란 혼란스럽고 기함할 만한 대답을 했다. 그다음 그는 페어리에게 같은 질문을 했다. 페어리는 즉시 그가 얼마나 기가 막힌 아이디어를 가지고 있는지 말했고, 그에 관해 CEO에게 몇 가지 조언을 구했다. CEO는 페어리와 수년 전에 함께 일했던 적이 있었는데, 다시 그와 일하게 되어 기쁘다고 말했다. 10분 후, 페어리는 내가 놓친 두 가지를 얻게 되었다.

그는 CEO에게 엄청나게 강한 인상을 주었고, 자신의 새로운 아이디어로 CEO의 관심을 돌림으로써 6주 후에 있을 정치적 재앙에서 자신을 지켜냈다. 다른 모든 부서들은 CEO가 페어리의 아이디어를 지지하는 한 그것을 따를 것이다.

그 뒤로 줄곧 나는 핵심 관리자들과 대화할 준비를 해왔다. 법칙은 간단하다. 당신이 우연히 마주칠 가능성이 있는 사람들과 공유할 만한,

그들이 실행할 만한 의제를 만드는 것이다. 비공식적인 만남에서는 대개 어떤 아이디어를 공격적으로 밀어붙이기보다 편안하게 (당신은 편하지 않다 해도) 비공식적인 조언을 구하는 식으로 말할 수 있다.

게이트키퍼

게이트키퍼들은 당신에게 진짜 파워를 가진 왕족들과 접근할 수 있는 기회를 가져다준다. 비서가 그 대표적인 예이다. 그러나 그들은 대부분 하찮은 대우를 받는다. 사람들은 그들을 무시하고, 끊임없이 닦달하고, 젠체하며 아래로 내려다본다. 그들에게 해당 분야의 전문가 대접을 해주거나, 최소한 인간 대우를 해주라. 그러면 그들은 당신이 원할 때 그들의 상사인 왕족들의 드러나지 않은 모든 것들을 제공할 것이다.

몇몇 중간 관리자들은 이런 게이트키퍼처럼 행동한다. 이들은 당신에게 다가와 무엇이 필요한지 자신은 잘 이해하고 있으며 윗선에 접근하게 해준다는 약속을 할 것이다. 그 말을 그대로 믿는다면, 당신은 곧 모든 통제권을 그들에게 넘기게 될 것이다. 이런 종류의 게이트키퍼들은 당신에게 더욱더 많은 것을 요구하기만 할 뿐, 결코 약속한 기회를 제공하지 않는다. 이런 사람들은 당연히 친절하게 대하라. 그러나 그들의 제안은 무시하라. 당신을 방해하려 한다면, 조용히 우회하라. 당신이 수완가라면 이런 사람들과 관계없이 회의장에서든, 회사 복도에서든, 카페에서든 비공식적으로 대부를 만날 기회를 잡을 수 있을 것이다.

전문가

조직에는 전문가들이 넘쳐난다. 그들은 "NO"라고 말하기 좋아하는 사람들이다. 이것이 그들이 가진 단 하나의 파워이기 때문이다. 그들은 당신에게 어떤 일을 할 권한을 부여해줄 수는 없지만, 당신이 하던 일을 중단시킬 수는 있다. 법률적인 것이든 안정성에 관한 것이든, 브랜드 정책이나 인사관리든, 기술적인 것은 물론 재정적인 것에 이르기까지 그들의 손길은 어디에나 뻗어 있다. 그들이 "NO"라고 말하는 데는 다음과 같은 이유가 있다.

- 당신의 아이디어는 이전의 표준 규범이나 규칙, 혹은 진행 사항을 어겼다.
- 당신의 아이디어는 결과적으로 회사를 (실은 그들을) 혼란스럽게 하는 위험을 가져올 것이다.
- 그들은 당신의 상사나 당신을 싫어하고 있다.
- 그들은 자신의 승진에 있어 꼭 필요한, 그러나 당신과 반대되는 아이디어를 가지고 있다.

이들을 당신의 편으로 끌어들이려면 대가가 필요하다. 고생스러울 수도 있다. 그러나 당신도 알다시피 CEO는 문서에서 숫자를 발견하면 그 숫자에 대한 확신을 얻기 위해 CFO(최고재무책임자)에게 자문을 구한다. CFO가 "NO"라고 말하면 당신의 운명은 끝이다. 만약 이미 CFO를 당신 편으로 만들어놓았다면 논쟁은 빠르게 고통 없이 마무리될 것이다.

전문가들에게 괜찮은 사람으로 보여라. 그들의 전문적인 생각을 존중하고 그들의 의제가 무엇인지 알아내라. 그리고 명백하게 그들과 경쟁을 하지 않겠다는 것을 확신시켜준다.

코치

여기서 말하는 코치는 자문의 질이 미심쩍은 외부의 전문가를 말하는 것이 아니다. 좋은 코치란 어떻게 그 문제를 해결해야 하는지에 대해 당신이 의지할 만한 시각과 조언을 가진 조직 내부의 '진짜 고참 선배'들을 말한다. 놀랍지만 이런 사람들은 분명히 존재한다. 이런 고참 관리자들에게 조언이나 가르침을 요청하면 그들은 종종 우쭐거리면서 지금 회사에 무슨 일이 일어나고 있는지 알려준다. 그리고 그들의 눈과 귀가 되어줄, 때로는 오른손이 되어줄 다른 관리자들(특히 젊은 관리자들)을 곁에 두고 싶어한다. 이는 완전히 비공식적인 관계이다. 그들은 폭풍이 다가오고 있다는 것에 대해 미리 알려줄 수 있고, 희미하게 다가오고 있는 먹구름이 이익인지 재앙인지 미리 경고해줄 수 있다는 점에서 가치가 있다.

인플루언서

인플루언서는 배경에 숨어 있는 눈에 띄지 않는 존재라 그냥 지나치기 쉽다. 그들 중 어떤 이들은 미약한 수준의 공식적인 파워만을 가지고 있을 수도 있다. 이는 오히려 당신의 네트워크 안에 속해 있는 사람들에게 그들을 신임할 수 있게 만들어준다. 비록 공식적인 파워를 가지고 있다 해도 그들이 특혜를 받고 있다거나 경쟁 상대가 될 것처럼 보이지 않기 때문이다. 이들은 주로 회사의 모든 것을 보아왔고, 모든 사람들을 알고 있는 장기 근속자들이다. 그러나 이들은 말하자면 참모 역할을 하며 조용히 주변에 머무른다. 개발, 예산, 상담, 특별 프로젝트 같은 것들이 그들이 가지고 있는 이름이다.

컨설턴트들도 일류 인플루언서이다. 그들은 대개 CEO에 의해 고용되고, 쉽게 신임을 얻는다. 그들은 회사 내의 일상적인 정치 싸움에서 떨어져 있는, 보다 위에 있는 존재들이기 때문이다. 컨설턴트처럼 신중한 태도를 취하는 것은 어렵지 않다. 그러나 보다 중요한 것은 인플루언서들의 의제를 알아낸 후 조용하고 서서히 친밀감을 쌓아 그들을 당신의 여론 창구로 이용하는 것이다. 인플루언서들이 당신을 위해 목소리를 내기 시작한다면 회사 내에서의 당신의 행보는 한결 쉬워질 것이다.

공헌자

공헌자들은 당신이 공식적인 파워를 가지고 있지 않다 해도 당신에게 필요한 실질적인 도움을 주는 모든 사람들을 말한다. 이들은 또래 집단이나 동료들 중에서 찾기 쉽다. 기회는 그들도 당신만큼 중압감에 시달린다는 데 있다.

그들과 거래하고자 한다면 그들의 중압감이 어디에서 오는지 알아둬야 한다. 그들이 당신과 함께 일하기 편하다는 느낌을 가지게 하라. 당신의 요청이 정확하고 시기적절하다는 것을 확신시켜주라. 사소한 일로 그들의 시간을 잡아먹지 마라. 데드라인 직전에 혼란에 빠지게 하거나, 당신의 요청으로 그들을 골치 아프게 만들지 마라. 당신의 공정성과 신용을 보여주는 데 시간을 들여라. 할 수 있는 한 보답할 준비를 하고 있어라. 그리고 그들이 필요로 할 때 도움을 주라. 비록 하찮은 것일지라도 그들의 공헌을 알아주는 데 인색하지 마라. 그들에게 감사의 이메일을 보내라. 이때 그들의 직속상관의 메일 주소를 참조하는 센스를 발휘한다.

파워의 열쇠 : 게이트키퍼

캐롤라인은 한 광고대행사의 고객 관리 담당자로 취직했다. 그녀의 일은 까다로운 요구를 하는 감성적인 예술가 타입의 직원들과 까다로운 요구를 하는 이성적인 타입의 클라이언트들 사이에서 중재를 하는 것이다. 그녀는 곧 회사 내의 일이 실제로 어떻게 돌아가는지 파악하고, 파워를 가진 높으신 분과 친분을 쌓을 필요가 있다는 것을 깨달았다. 파워의 중심에 있는 왕족들을 구별하기는 쉽다. 눈에 띄는 옷을 입고, 목소리가 크고, 자기 주장이 강한 사람이다.

진짜 문제는 잡다한 일들을 처리하는 것이었다. 하루 동안 처리할 수 있는 양을 넘어설 정도로 언제나 일이 너무 많았다. 디자인팀, 기획팀, 연구팀, 생산팀의 사람들에게 시간을 양보해 달라고 하는 것은 그야말로 악몽이었다. 중역들은 모두 각 부서에 자신의 일을 최우선으로 하라고 각기 을러댔다. 이것은 제로섬 게임이었다. 그래서 그들은 합리적인 방식으로 일의 스케줄을 조정해줄 교통경찰을 만들어냈다. 이제 중역들은 각 부서에 소리 지르는 대신 교통경찰 한 명에게만 소리 지르면 되었다. 이 역할은 회사 내에서 가장 힘들지만 생색은 나지 않는 일이었다. 모두들 하나같이 자기 업무가 가장 먼저라고 생각했고, 교통경찰은 밤낮으로 모순적이고 불합리한 요구에 우선순위를 매겨야만 했다.

교통경찰의 일진이 특히 사나웠던 어느 날, 캐롤라인은 그를 만났다. 모두가 그에게 소리를 지르고 있었다. 그녀는 앉아서 그에게 말을 건네고 동정을 표했다. 그 보답으로 그는 그녀의 일을 먼저 처리해주었다. 그녀는 감사를 표했고, 그의 삶과 꿈, 그리고 그가 두려워하는 것들에 대해 더 잘 알게 되었다. 그녀는 그에게 고함치지 않고 말을 건네는 유일한 사람이었다. 신기하게도 캐롤라인의 일은 언제나 다른 사람의 일보다 항상 빨리 처리되는 것처럼 보였다. 그녀는 진짜 파워란 윗사람들에게 있는 것이 아니라 이 교통경찰에게 있다는 것을 발견했다. 그는 회사의 게이트키퍼였던 것이다. 파워가 있다고 생각하는 윗사람들에게 파워를 얻을 수 있는 문을 열어주는 데 인색했던 그는, 이제 그녀에게 그 문을 기꺼이 열어주었다.

캐롤라인은 깨달았다. 진짜 파워란 때로는 공식적인 파워 구조의 바깥에 존재한다는 것을.

자신의 파워 네트워크 평가하기

파워 네트워크는 시간의 흐름에 따라 성장하고 변화한다. 이것은 개인에 따라 각기 다르다. 사람마다 필요로 하는 것이 다르기 때문에 파워 네트워크도 이에 따라 독특해질 수밖에 없는 것이다. 당신만의 파워 네트워크를 만들기 위해 필요한 것과 그 경과를 평가할 수 있는 간단한 방법이 있다. 파워 네트워크는 표 2-1과 같다.

당신은 파워 네트워크의 정중앙에 위치하고 있으며, 앞서 설명한 여섯 가지 유형의 사람들이 당신을 둘러싸고 있다. 여기서 고려해야 할 것은 두 가지이다.

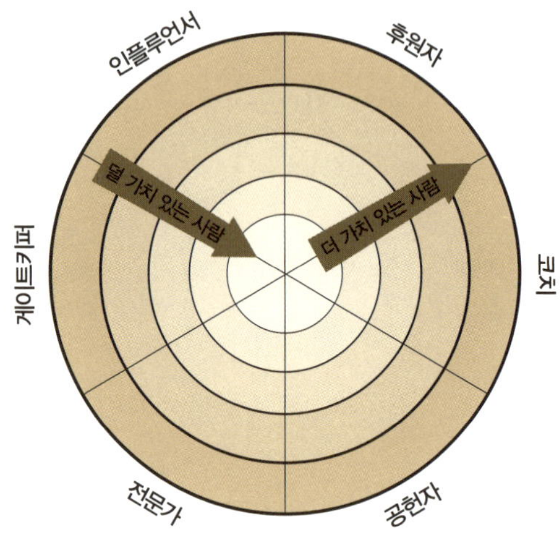

먼저 각각의 사람들이 가진 파워가 당신의 필요를 얼마나 충족시켜주고 있는지 생각해본다. 그들의 파워가 강할수록 당신의 네트워크도 확장된다. 가장 강력하고 가치 있는 파워를 지닌 사람들은 원의 바깥에 위치시켜라.

두 번째로, 네트워크 내의 사람들이 당신을 얼마나 강하게 지원하고 있는지 돌아보라. 각각의 사람들을 1점에서 5점까지 점수를 매겨본다. 1점에서 5점으로 갈수록 지원의 강도는 커진다.

표 2-2는 회사를 움직이는 상급 관리자들의 파워 네트워크의 예시이다. 성공 가도를 달려온 샌디는 경쟁사로부터 스카우트 제의를 받았다. 첫째 날, 그녀는 자신의 위치에 대해 심사숙고해보

았다. 그것이 표 2-2에 표현되어 있다.

그 제의는 재앙이었다. 새 회사에서 그녀는 진짜 파워를 가지지 못했다. 그녀는 다음에 제시된 사항에 따라 자신의 위치를 평가했다.

[표 2-2] 약한 파워 네트워크 : 첫째 날

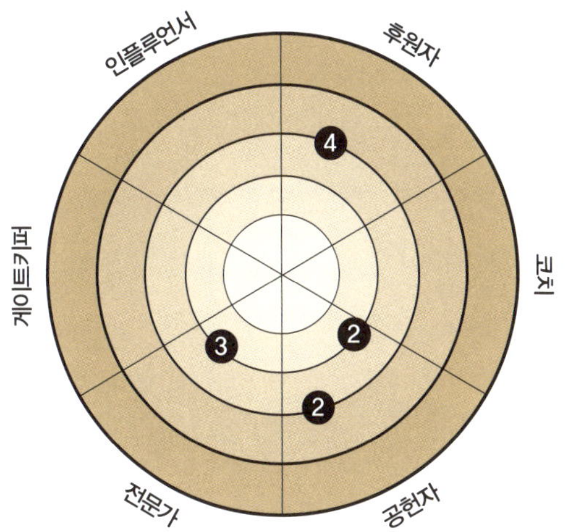

■ 후원자 : 그녀의 주장을 옹호해주는 상급 관리자가 그녀의 주요 동료이자 후원자였다(후원자 역할에서 4점이다). 그러나 그는 면접 과정에서 그녀가 예상했던 것만큼 파워 있는 자리에 있지 않았다. 그는 잘해봐야 관리자들 중에서도 중간 수준이었다. 그녀는 그를 동심원의 중간에 놓았다.

■ 공헌자 : 샌디는 두 명의 부하 직원을 거느리게 되었다. 그녀는 그들의 유능함을 확신할 수 없었고(따라서 그들은 네트워크의 중간쯤에 있다), 그들은 새로운 상사인 샌디에 대해 명백히 민감한 반응을 보이고 있었다. 그들은 아직 동료라고 여기기 어렵다. 그래서 그들에게는 2점을 매겼다.

■ 전문가 : 샌디는 회계, IT, 공장, 예산 등 어떤 영역이든 사내의 전문가는 단 한 사람도 알지 못했다. 그녀는 단지 스카우트 제의를 했던 인사부서의 사람을 알고 있을 뿐이었다. 그들은 은근한 지지자들이다(그래서 3점을 주었다). 하지만 장래의 필요와 관계 없는 사람들이다. 그래서 그녀는 네트워크의 중간쯤에 그들을 배치했다.

샌디는 자신의 파워 네트워크를 다시 한 번 살펴보았다. 그리고 충격을 받았다. 예전 회사에서 그녀는 매우 유능했었다. 그것은 그녀가 파워를 전달하는 사람들을 동료로 만들어 새로운 일들을 해낸 덕분이었다. 그녀는 자신이 효율적인 파워 네트워크를 구축할 때까지 새로운 회사에서 상대적으로 무능한 사람 취급을 받게 되리라 예상했다.

다음 해 1년에 걸쳐 그녀는 끊임없이 자신만의 파워 네트워크를 만들고자 분투했고, 이내 무슨 일이든 해낼 수 있는 사람으로 인정받게 되었다. 그해 말, 그녀는 자신의 파워 네트워크를 점검했다. 이번에는 그녀가 필요로 하는 사람들, 그녀의 네트워크에 포진시킬 최고 관리자들을 20명만 선별하는 데 어려움을 겪을 지경이었다.

표 2–3이 그 결과이다. 변화가 급격히 느껴지지 않는가?

[표 2–3] 성장한 파워 네트워크 : 연말

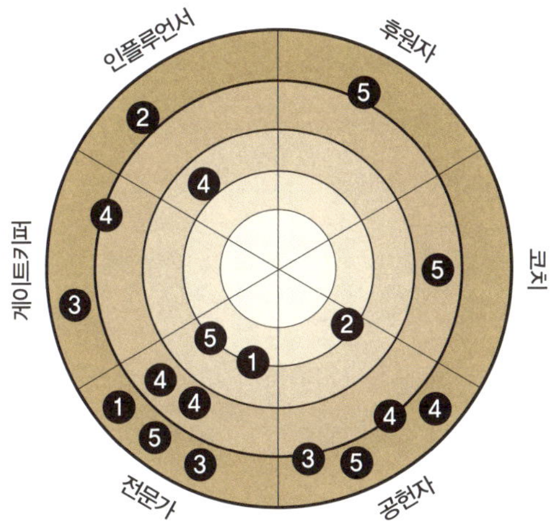

■ 후원자 : 샌디에게 행운이 따랐다. 그녀의 후원자가 승진함에 따라 관리급 인사들 안에서 그의 영향력이 확대되었고, 그와 함께 그녀의 동맹 관계도 강건해졌다. 그는 정치적인 싸움에

서 계속 그녀에게 힘을 실어주었고, 샌디 또한 그가 그녀에게 걸고 있는 기대를 지속적으로 충족시켜주었다. 그녀는 강력한 지원자가 된 그에게 5점을 매기고 그를 파워 네트워크의 외곽에 배치시켰다. 이제 그녀는 자신의 후원자에 대해 더 이상의 행동을 취할 필요가 없어졌다.

■ 코치 : 샌디는 P&L(profit&loss)에서 이동해 예산관리 부장이 된 장기 근속 관리자 한 명을 알게 되었다. 대부분의 중간 관리자들은 그를 회사 정책에 방해가 되는 사람으로 보고 있었지만 샌디는 그가 CEO와 정기적으로 접촉한다는 사실을 알았다. 그는 비즈니스에 대한 깊이 있는 지식과 사내 정치 싸움에서 한 발 물러나 있는 태도로 상급 관리자들의 신임을 받고 있었다. 예산관리부였기 때문에 그는 항상 어떤 프로젝트가 시작되는지 누구보다 빨리 알 수 있었다. 그의 지지와 조언, 정보는 값을 헤아릴 수 없을 만큼 귀중한 것이었다. 코치는 자신의 가치를 알아본 다른 관리자가 있다는 사실에, 그리고 자신이 도움을 준다는 사실에 매우 기뻐했다.

■ 공헌자 : 샌디는 자신의 팀을 꾸리기 위해 재빨리 움직였다. 그녀는 처음에 배정된 두 명의 부하 직원 중 한 사람을 이동시켰고, 남아 있는 나머지 한 명은 여전히 그녀에게 민감한 반응

을 보이고 있었다. 그녀는 그에게 2점을 매겼다. 그러나 나머지 팀원들은 매우 일을 잘했고, 그녀에게 도움이 되었다. 새로 영입될 팀원에 대한 기대와 함께 그들에게는 높은 점수를 부여했다.

■ 전문가 : 이에 대한 평가는 각 부서마다 다르다. 법률자문 부장은 그녀가 중요한 제안서를 그를 통하지 않고 직접 CEO에게 가져간 이후로 적이 되었다. 그에게는 1점을 매겼고 파워 네트워크의 가장 바깥쪽에 위치시켰다. 그녀에게는 그를 자기편으로 되돌릴 필요가 있었다.

브랜드 정책팀은 그녀가 그들의 브랜드 재정립 제안에 부정적인 발언을 한 이후, 그녀의 배에서 내렸다. 하지만 샌디는 크게 신경 쓰지 않았다. 브랜드 정책팀은 그녀가 하는 일에 큰 영향을 미칠 수 없기 때문이었다. 그들에게는 1점을 주었고, 가장 약한 고리인 네트워크의 중심부에 위치시켰다. 그러나 조만간 그들에게 화친을 제의할 것이다.

다른 지원 부서들은 그녀의 편이었다. 그녀의 팀이 일을 제대로 해주었기 때문이다. 특히 재정팀은 거의 완벽한 지지자였고, 가장 영향력이 컸다. 따라서 그녀는 그들에게 5점을 주었고, 파워 고리에서 가장 바깥쪽에 위치시켰다.

- 게이트키퍼 : CEO의 비서는 매우 강하게 그의 시간을 비호했다. 샌디는 그녀를 파워 네트워크의 가장 바깥쪽에 위치시켰다. 그러나 그녀는 너무 자신의 임무에 충실한 나머지 누구와도 친밀한 관계를 맺지 않는 것처럼 보였다. 샌디는 그녀에게 공을 들일 가치가 있는지 숙고했다. 그녀에게 줄 수 있는 최대 점수는 3점이었다.

- 인플루언서 : 샌디는 공식적인 협상에 나서지는 않았지만 다양한 노동조합을 비공식적으로 만날 책임을 떠맡았다. 노동조합의 간부는 30년 이상 경영진과 대면해온 명망 높은 사람이었다. 샌디는 그에게 2점을 주었다. 그는 매우 위험하고 강한 파워를 가진 사람이었다. 다행스럽게도 샌디는 그보다 파워가 약하지만 그녀를 더 많이 지원해줄 몇몇 간부들과 친해졌다. 그녀는 그들의 지원에 4점을 주었다.

파워 네트워크를 검토해보면 샌디가 엄청난 발전을 이룩해냈다는 것을 알 수 있다. 그녀 개인의 파워는 성장했고 조직에서 그녀의 가치도 커졌다. 또한 그녀는 자신의 강화된 파워 네트워크의 어느 부분에 더 많은 시간을 투자해야 하는지도 알고 있다. 그녀는 지원 부서들에 있는 몇몇 주요 인사들을 자신의 네트워크로 끌어들여야 한다. 그리고 그녀에게 브랜드 정책팀은 현실적인 문제가 되었다. 시장 진입 프로젝트를 이끌게 될 팀에 합류하게 된 것이다. 이는 그들의 지원 없이는 힘든 것이었다. 파워 네트워크는 당신의 역할이 바뀔 때마다, 새로운 임무를 부여받을 때마다 바뀌는 것이다.

상사를 이용하라

네트워크에서 가장 중요한 사람은 당신의 상사이다. 제아무리 민주적인 회사라고 해도 당신과 그의 관계는 평등하지 않다. 당신이 상사를 만족시키는 것이 상사가 당신을 만족시키는 것보다 훨씬 더 중요하다. 이것 한 가지만 마음속에 새겨라.

첫 번째 단계는 상사에게 화해의 손길을 내미는 것이다. 상사는 당신의 보너스나 승진, 업무 수행에 관해 공식적인 파워를 발휘한다. 당신을 지원하는 강력한 상사를 두는 것은 파워를 얻는 지름길이다. 상사가 회사에서 출세했을 때 그와 서로 신뢰하는 사이였다면 당신도 그 뒤에 붙어 출세할 수 있다. 좋은 상사를 둔 것은 매우 효과적인 커리어 전략이 될 수 있다.

그러나 이 커리어 전략에는 세 가지 함정이 있다. 일단 상사가 성공하지 못할 수도 있고, 조연급으로 있는 것이 익숙한 관리자들은 주연급이 되기 힘들다. 그들은 사내에서 전적으로 상사의 성공과 생존에 의존한다. 그리고 파워 있는 상사에게 유용한 사람으로 남으려면 당신도 회사 내에서 당신만의 파워 네트워크를 구축함으로써 새로운 일을 만들어내야 한다. 즉, 당신은 어떤 경우든 자신만의 파워 네트워크를 구축해야 할 필요가 있다는 것이다.

상사와의 성공적인 관계는 성과, 스타일, 신뢰라는 세 가지 법칙에 기초한다.

성과는 그 자체로 말을 한다. 항상 보고하라. 사람들을 경악시킬 만한 일을 만들지 마라. 문제가 있다면 숨기지 마라. 빨리 바로잡거나 그럴 수 없다면, 빨리 도움을 요청하라. 성과가 없다면 해고당하거나 능력 없는 관리자 밑으로 쫓겨가게 될 것이다. 당신이 진짜 괜찮은 인간이라면 당신이 버림받는 과정은 다소 덜 고통스러울 순 있겠지만(이것도 상사의 이익을 고려한 것이다) 결국 버려진다는 데에는 변함이 없다.

스타일은 중요하다. 스타일은 상사들마다 다르다. 불평등한 관계에서 당신이 상사의 스타일을 좋아하지 않는 것은 문제가 될 수 있다. 적응하거나 그냥 따르라. 그렇지 않으면 제거될 것이다. 상사와 동료의 각기 다른 스타일을 어떻게 받아들이느냐는 나중 문제다.

신뢰는 모든 좋은 관계의 핵심이다. 결혼 같은 사적인 관계든 상사나 동료와의 관계든 마찬가지다. 신뢰가 없다면 관계도 있을 수 없다. 좋은 성과가 신뢰를 높이는 데 기여한다는 것은 분명하다. 그러나 성과가 전부는 아니다. 확고한 충성심만이 신뢰를 더욱 높인다. 정치가들이 어떻게 위로 올라가는지 주의 깊게 살펴보라. 능력과 개인의 도덕성이 도움을 준다. 그러나 충성심은 이 모든 것 중에 가장 강력하게 통용된다. 신중하고 도덕적인 정치가가, 그보다 훨씬 유능하지만 충성심을 의심받는 정치가보다 성공한다.

신뢰는 두 갈래 길이다. 상사가 당신을 신뢰하는 것보다 당신이 상사를 더욱 신뢰해야 한다. 큰 이해관계 아래서 상사를 믿지 못하는 행동을 보인다면, 그 관계를 유지할 수 없게 될 것이다. 이는 당신의 파워 네트워크를 바라보는 방식에도 적용된다. 좋은 파워 네트워크를 가지고 있다면 당신은 누가 가장 끔찍한 상사인지 알아볼 수 있고, 그를 피할 수 있다. 혹은 운이 없어서 피하지 못해도 파워 네트워크가 그 악몽 같은 상사에게서 빠져나올 수 있는 외교적인 수단을 강구해줄 수 있다. 파워 네트워크가 약하면, 다음과 같은 곤란한 선택을 하게 될 것이다.

■ 어떤 상사에게서 힘든 수업을 받았다고 생각하라. 다음 차례에는 운이 따르기를 기도하라. 그러나 기도는 해결 방법도 아

니고, 운에 기대는 것도 전략이라 할 수 없다. 당신이 스스로의 운명을 통제하지 못하면 다른 사람이 당신의 운명을 좌지우지할 것이다.

■ 비상구를 찾아라. 비상구란 내부의 인사 재조정이다. 여기에는 파워 네트워크가 작용해야 한다. 아니면 회사를 옮겨라. 단, 회사를 옮기면 그곳엔 당신의 파워 네트워크는 전혀 없다는 단점이 있다.

상사의 스타일에 익숙해지기

그는 괜찮은 마케팅 디렉터이다. 단 한 가지 좋지 않은 습관이 있는 것을 제외하고 말이다. 그는 항상 바쁘고, 항상 CEO보다 앞서 문을 나선다. CEO인 해리는 그의 태도가 마음에 들지 않았고, 그보다 먼저 나가려고 했다. 해리는 내게 그 디렉터의 행동에 대해 툴툴댔다. "하지만 그는 매우 쓸모가 있어요"라고 나는 디렉터의 편을 들어줬다. "게다가 7개 국어를 구사하잖아요."
그러자 해리의 분노가 폭발했다. "난 7개 국어를 구사하는 멍청이보다 모국어밖에 못해도 똑똑한 사람이 좋아." 이때 나는 그만 웃어버리는 실수를 저지르고 말았다. 얼마 전 그가 외국어를 구사할 줄 모르는 직원들에게 말도 제대로 못하는 모범생들이라고 말한 적이 있었기 때문이다. 해리는 내 웃음을 마케팅 디렉터를 해고해야 한다는 의미로 받아들였다.

두 시간 후에 나는 해리의 사무실을 재방문했다. 복도 반대편에서 마케팅 디렉터가 걸어오고 있는 것이 보였다. 그는 소리를 지르며 7개 국어로 욕을 퍼붓고 있었다. 그의 뒤에는 네 명의 경호원들이 있었고, 한 명이 그를 끌어냈다. 그때가 그를 본 마지막이었다. 나는 스타일의 파워를 진정으로 알게 되었다.

파워가 있는 곳으로 가라

미국의 유명한 도둑 윌리 서튼(Willy Sutton)은 자신이 왜 은행을 터는지에 대해 이렇게 말했다. "거기에 돈이 있으니까요." 돈을 원한다면 돈이 있는 곳으로 가라. 명예를 원한다면 명예가 있는 곳으로 가라. 그리고 파워를 원한다면 파워가 있는 곳으로 가라.

분명히 파워는 CEO나 그와 비슷한 위치의 사람들에게 있다. 하지만 이 사실을 알고 있는 것이 파워를 얻으려고 그 주변을 기웃거려도 된다는 뜻은 아니다. 모든 사람들이 불빛에 꼬여드는 불나방처럼 파워의 주변을 기웃거린다. 그리고 어떤 이는 너무 가까이 다가가서 불에 타 죽기도 한다. CEO들을 더욱 주의 깊게 보라. 특히 CEO 바로 아래에 있는 중역들을 관찰하라. 그들은 어느 나라에서든 어떤 비즈니스 조직에서든 어떤 산업에서든 어디에서나 일하고 있다. 그들이 모두 어디에서 왔는지 알아내라. 많은 회사에서 그들은 모두 같은 역할을 하고, 같은 지역 출신이다. 이것이 바로 미래의 리더십 재능을 만들고 오늘날의 회사를 이끄는 파워 공장이다. 다른 역할은 허용되지 않는다.

여기에는 몇 가지 중대한 것들이 있다. 대부분의 조직은 같은 지역에서 온 동료들을 선호한다는 것이다. 이런 기대들은 분명히 있다(소니나 닛산을 예로 들 수 있다). 규칙은 이미 파워를 가진 이들이 지배한다. 당신이 외국계 기업에 들어가려 한다면 그만큼 핸디캡은 커질 것이다.

회사를 지배하는 것은 마케팅 부서다. 중요한 결정도, 리더들도 대개 마케팅 부서에서 탄생한다. 여기가 바로 파워가 있는 곳이다. 당신이 새로운 일을 만들어내고 커리어를 높이고 싶다면 파워가 생산되는 곳을 이해해야 한다. 이 전략의 한 가지 문제점은 가장 유능하고 영리한 사람들이 모두 같은 일을 하고 있다는 점이다. 당신은 샛별일 수도 있다. 그러나 당신이 재능의 은하계 한가운데에서 다른 사람들 위를 비춰주는 큰 별이 되고 싶다면 그만큼의 고생을 감수해야 한다. 즉, 대가를 감수하고 당신이 빛날 수 있는 곳으로 가야 한다는 것이다. 파워에서 멀리 떨어진 작은 업체로 가서 일할 기회가 찾아온다면 그 기회를 놓치지 마라. 당장 눈앞의 것보다 최후의 승자가 되는 편이 낫다는 것을 알아두라. 그리고 돌진하라. 경험과 신용을 얻게 될 것이다.

혹 회사의 중심부에서 멀리 떨어진 곳에 배정받으면 다음의 법칙을 마음에 새겨라.

첫째, 결코 어떤 약속도 믿지 마라.

당신이 돌아왔을 때 당신의 자리를 비워놓고 기다리겠다는 약속 같은 것들 말이다. 당신이 돌아왔을 때 그 자리는 이미 예전의 자리가 아닐 것이다. 새로운 상사가 있을 것이고 그는 전임 상사가 당신에게 무슨 약속을 했는지, 혹은 약속이라는 게 있었는지 관심조차 없을 것이다.

둘째, 당신의 네트워크를 열심히 운용하라.

힘 있는 곳에 줄을 놓아주겠다는 것은 구실일 뿐이다. 그들이 당신의 얼굴을 잊을 것이라고 생각하고, 수십 장의 왕복 티켓을 끊어두는 것이 좋다. 당신의 네트워크가 당신의 복귀에 이용할 기회가 다가오고 있는지, 정치 지형이 어떻게 바뀌고 있는지 늘 지켜봐야 할 것이다.

셋째, 당신의 주장에 명망을 부여하라.

대부분의 사람들은 재무재표에 나와 있는 것 이외에는 당신이 하는 일이 잘되고 있는지 어떤지 실제로 이해하지 못한다. 당신이 직면한 문제의 규모와 그 문제를 어떻게 해결할 것인지 모든 이들이 알 수 있도록 하라. 숫자를 생생히 알려줄 이야기를 만들어서 전파하라. 이야기는 결과만큼이나 중요하다. 결과에 대한 당신의 해설이 승리를 가져다줄 것이다.

파워 네트워크의 함정

파워 관리에는 치명적인 함정이 있다. 바로 영웅 같은 리더에 관한 리더십 신화이다. 비즈니스 서적들은 한 명의 영웅적인 사람이 회사와 업계를 뒤바꿔놓은 이야기들로 가득 차 있다. 신문에도 천재성 하나로 엄청난 부를 일군 비즈니스 영웅들로 가득하다. 또한 부적절하게 부를 축적했거나 부적절함 때문에 축적한 부를 잃어버린 이야기도 많다. 영웅적인 혹은 강도 같은 비즈니스맨에 관한 신화는 여전히 건재하다.

그러나 영웅담은 매우 흥미롭기는 하지만 잘못된 것이다. 파워가 누구 한 사람에게 있다는 것은 사실이 아니다. 파워는 바로 시스템에 있다. 의심스럽다면 위대한 리더들이 그들의 파워 기반을 떠났을 때 어떤 일이 있어나는지 보면 된다. 그들 대부분이 다른 명사들과 함께 제안서를 만들 수 있는 위원회라는 섬으로 사라져 버린다는 것을 알게 될 것이다. 전설의 투자가인 워렌 버핏(Warren Buffett)은 이것을 알고 적절히 투자함으로써 수십억 달러를 챙겼다. 그의 좌우명 두 가지를 생각해보자.

"어떤 괴짜가 운영할 가능성이 있는 한 회사에 투자하라. 언젠가 그 괴짜가 회사를 운영하게 될 것이다."
"형편없는 회사에 슈퍼스타 CEO가 온다고 해서 그 조직이 바뀌지는 않는다."

버핏은 파워가 개인에게 있는 것이 아니라 회사의 시스템 안에 있다는 것을 완전히 이해하고 있다. 유능한 리더들도 이를 알고 효율적으로 이용한다. 유능한 리더는 모든 것을 혼자 하려고 하는 대신 전체 시스템을 잘 운용할 수 있는 팀을 만든다. 그리고 다양한 기술을 가진 사람들을 끌어들인다. 이 과정에서 실질적으로 각기 다른 중재를 해야 하는 몇몇 전투를 치르기도 하지만, CEO 혼자 하는 일을 줄임으로써 더 많은 것을 얻을 수 있다.

리더십이라는 것은 실제로 팀 스포츠이다. 그러나 대부분의 리더들은 아직도 자신이 영웅이라는 리더십 신화의 함정에 빠져 있다. 그들은 자신들의 잘못을 지적하는 동료나 전문가들에게 호의적으로 대하지 않고, 힘을 보태주지도 않는다. 그들은 자신이 혼자 회사나 국가를 구원한다고 믿는다. 그들은 자신이 유일무이한 사람인 줄 알고 있다.

이는 많은 사람들이 칭기즈칸이나 마더 테레사 같은 영웅이 필요하다는 생각의 함정에 빠져 있는 데서 기인한다. 어떤 관리자들은 그들이 이미 그렇다고 생각하기도 한다. 그들을 위해서는 일할 가치가 없다. 탁월하지 않은 큰 조직들은 영웅이 있으면 달라질 것이라고 생각한다. 그리고 영광스러운 일이 생기면 그 영광을 함께 나누기보다 자신의 성과라고 주장하는 본능적인 열망을 가지고 있다.

반면, 유능한 관리자들은 혼자서 모든 것을 다 하려고 하지 않는다. 그들은 다른 사람들을 통해 일이 일어나게 한다. 모든 영웅의 뒤에는 실제로 일을 만들어낸 팀이 있다. 누구도 혼자서 모든 일을 할 수는 없다. 좋은 조직은 평범한 사람들이 비범한 성과를 달성할 수 있게 한다. 형편없는 조직은 비범한 사람들을 평범한 성과밖에 내지 못하는 덫에 빠뜨린다. 좋든 형편없든, 조직이란 하나의 복잡한 야수와 같고, 관리자에게는 일을 하기 위해서 이 야수의 능력을 컨트롤할 수 있는 채찍이 필요하다.

영웅 신화의 함정은 다음의 두 가지로 대표된다.

외로운 영웅

자수성가한 백만장자들은 고전적인 영웅 신화의 함정에 빠져 있다. "만약 네가 원하는 일이 있다면, 스스로 해내라" 같은 말을 신봉하는 것이다. 그들은 다른 사람들을 신뢰하지 못한다. 그들은 대개 거만하고 지배적이다. 그리고 자신의 요구대로만 하면 성공할 것이라고 생각한다. 이런 사람들은 대체로 대필 작가를 통해 "성공하고 싶다면 자신처럼 하라"는 유형의 자서전을 쓰곤 한다.

"스스로 해내라"라는 접근법은 기업가들이 처음 사업을 시작할 때는 부득이한 것일 수도 있다. 당신이 사업을 시작하는 위험을 택했을 때, 당신 혼자 모든 것을 준비했다고 하자. 그래서 성공했다면 자신감을 얻은 당신은 오만함으로 무장한 인간이 되었을 것이다. 그리고 꼬박꼬박 월급을 받는다는 데 만족하고 있는 인간들에게 조금의 존중도, 신뢰도 보낼 수 없다는 사실을 깨닫게 될 것이다. 하지만, 큰 조직에서 스스로 모든 것을 해내고자 한다면 당신은 실패할 것이다.

상자 속 전문가

이것은 전문 직종에서 자신의 일을 잘 해내는 사람들에게 매혹적인 함정이다. 보통의 사람들이 커리어를 빨리 상승시킬 수 있는 방법은 자기 영역에서 전문가가 되는 것이다. 영업, 시스템 분석, 회계 등 기능적인 기술들을 배우고, 그 분야에서 제대로 된 성과를 낸다면 당신은 자연히 승진하게 될 것이다. 여기서 문제가 발생한다.

전문성이 당신의 승진을 이루어준다는 것을 알고 나면, 어떤 이들은 이 전문성을 더 깊게 연마해야 한다고 생각한다. 그들은 게임의 법칙이 바뀌었다는 것을 깨닫지 못한다.

이전의 성공 법칙에 안주해서는 안 된다. 승진을 해서 팀 코치가 된 당신이 이전보다 더 열심히 일하고 더 나은 성과를 낸다 해도 이전 같은 방식으로만 일한다면 팀 코치로서 성공할 수 없다. 당신 혼자서만 하는 것이 아니라 당신의 팀이 가능한 한 최상의 성과를 낼 수 있도록 조언해주고 도와주어야 하는 것이다.

조직 내에서 상자 속 전문가를 특정하기는 쉽다. 그들은 가장 어려운 기술적인 도전을 혼자 이룩해내는 사람이다. 이 능력은 그들을 조직의 보배로 만들어준다. 그러나 파워의 관점에서 그들은 황무지로 나아가고 있다. 그들은 팀을 구축할 줄 모른다. 힘든 도전을 할 때 팀을 대표하여 팀원들을 독려하고 이끌면서 도전을 극복하기보다, 도전을 온전히 자신의 몫으로 남겨두는 편이기 때문이다. 그들은 자신들을 더 진보시킬 수 있는 파워의 네트워크를 구축하지 않는다. 몇 년 후 자신들이 어디에도 존재하지 않는다는 것을 깨닫고 나면, 그들은 좌절하거나 그저 전문가로만 남는 것 중 하나를 택하게 될 것이다.

PQ가 높은 관리자들은 커리어의 발전 과정에서 게임의 법칙이 바뀐다는 것을 배운다. 유능한 실무자에서 팀 코치로 변신할 줄 아는 것, 이것이 성공으로 가는 첫 번째 큰 발걸음이다.

데이비드는 매우 똑똑하다. 이것이 그의 발목을 잡았다. 그는 성공의 감옥이라는 덫에 걸렸다. 그가 처음 회사에 입사했을 때 그는 아무도 하고 싶어하지 않는 업무를 배정받았다. UK생명보험을 위해 100만 달러짜리 시스템 프로젝트의 정당성을 입증하는 사업 개요를 만드는 것이었다. 클라이언트는 이미 70만 달러를 썼고, 이 투자에서 어떤 이익을 기대할 수 있는지 물어보기 시작했다. 이것은 기술 컨설턴트들이 정말로 피하고 싶어하는 질문이었다.

데이비드는 자신의 분야에서 화려한 업적을 이뤄냈고, 모두가 놀라워했다. 그러나 커리어의 관점에서 이것은 데이비드에게 재앙이었다. 곧 UK생명보험의 모든 시스템 프로젝트가 그에게 할당되기 시작했다. 그는 전형적인 '상자 속 전문가'였다. 마법을 부려야 할 때만 그는 자신의 상자 밖으로 나왔고, 마법 같은 업무를 수행한 뒤에는 곧장 자신의 상자 속으로 돌아갔다.

UK생명보험의 시스템 프로젝트는 미지의 세계를 자력으로 개척하는 일이었다. 그러나 대단한 기대를 받고 있는 일도 아니었고, 데이비드가 원하는 일도 아니었다. 3년이 지난 후에도 여전히 그는 같은 방식으로 같은 일을 반복하는 쳇바퀴 같은 생활을 하고 있었고, 여전히 거기에서 벗어나고 싶어했다.

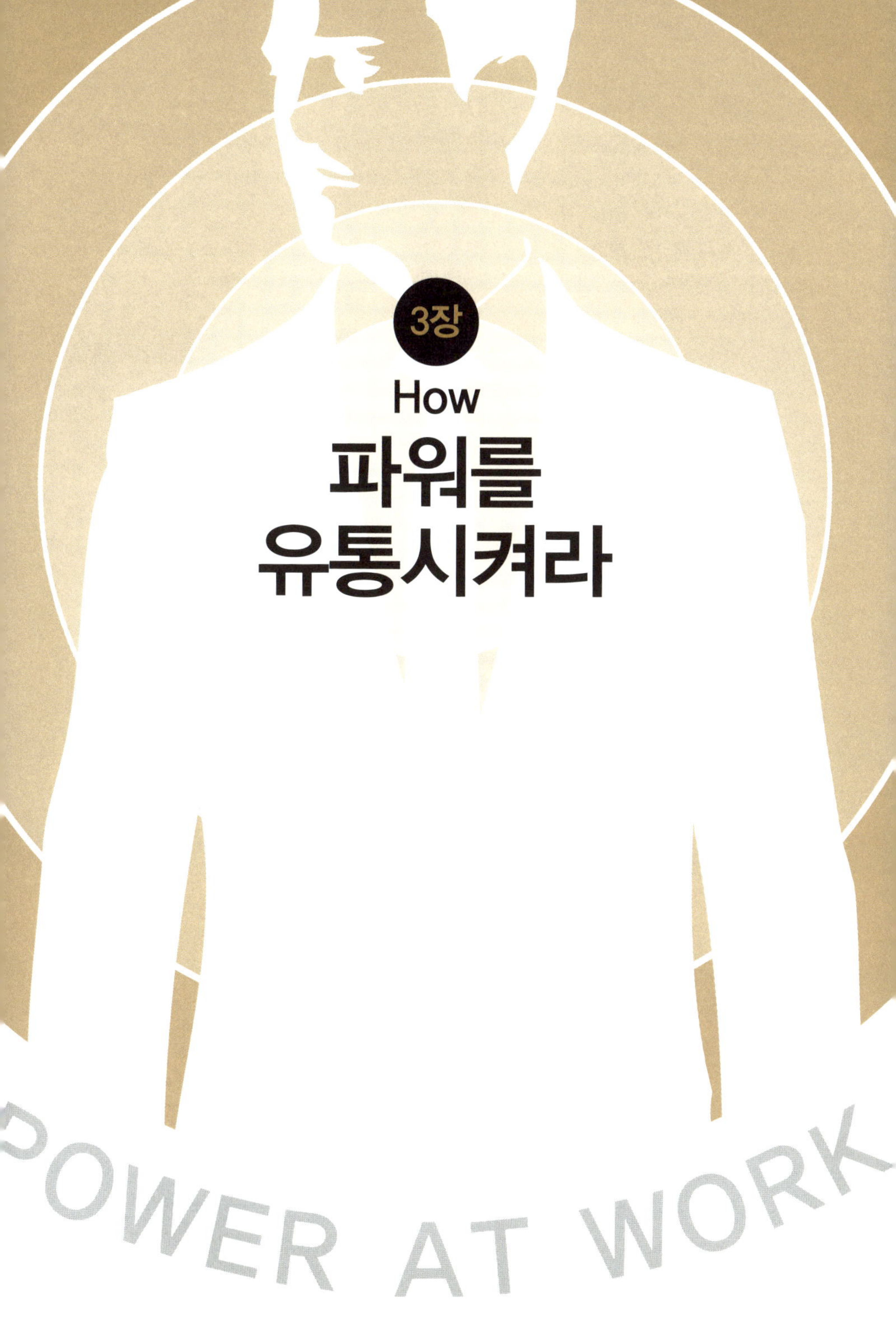
3장
How
파워를
유통시켜라
POWER AT WORK

파워는 몇몇 유통 경로를 가지고 있다. 이 중 어떤 것은 다른 것들보다 강력하다. 따라서 속지 말고 진짜를 찾아내라. 파워의 주요 흐름으로는 공포, 존경, 신뢰의 세 가지가 있다. 여기서 가장 강력한 경로이자 가장 얻기 힘든 것은 바로 신뢰이다. PQ가 높은 관리자들은 단지 파워의 흐름을 만들어낼 뿐만 아니라, 자신이 파워를 가지고 있다는 것을 보여준다. 그들은 자신의 파워를 지하금고 안에 숨겨두지 않고 사람들에게 자신이 파워를 가지고 있음을 확신시킨다.

스타일은 중요하다. 당신이 파워 있게 보인다면, 사람들은 당신을 힘 있는 사람으로 대할 것이다. 당신이 약해 보인다면 사람들은 당신을 약한 자로 취급할 것이다.

- **파워의 흐름**
- **파워를 얻기 위해 신뢰를 쌓는 법**
- **파워의 형태 : 속도, 공간, 우아함**
- **파워 있는 언어로 말하라**
- **파워 있는 행동으로 파트너십을 구축하라**

파워의 흐름

전통적으로 파워를 사용하는 방법에는 두 가지가 있다. 존경의 대상이 되거나 공포의 대상이 되는 것이다.

공포의 파워

500년 전, 마키아벨리는 『군주론』에서 이렇게 썼다.

"존경을 받는 것보다 공포의 대상이 되는 것이 더 낫다."

이것은 계급제 사회에서는 올바른 말이다. 존경이란 변덕스러운 것이지만 공포는 통제와 관리를 가능하게 한다. 지휘와 통제가 필요한 직장에서 당신이 누구와 일할 것인가에 대한 선택권은 거의 없다. 팀과 상사는 선택하는 것이 아니라 배정받는 것이다. 어떤 팀이나 어떤 상사와 함께 일하고자 하는 마음은 필요치 않다. 오늘날에도 여전히 공포의 법칙을 이용하여 일하는 상급자들이 많은데, 이는 유용하지만 한계가 있는 방식이다. 공포는 사람들의 순종을 받아낼 수 있지만 헌신을 얻을 수는 없다. 부하 직원들은 그들이 해야 하는 일만 하고 그 이상은 하지 않는다. 공포는 장기적인 관점에서 사람들의 최선을 이끌어내지 못한다. 게다가 상사가 통제하지 못한다면 사람들에게 미치는 영향력은 그야말로 미약할 뿐이다. 상사는 그의 통제 권한 밖에서는 사람들에게 보잘것없는 폭군일 뿐이다.

복잡한 조직에서는 사람들의 광범위한 지원이 필요하다. 직접적으로 통제하려 하지 말고 서서히 공포심을 스며들게 하라. 내게 특권을 달라고, 내가 인정하는 것과 내가 생각하는 것에 집중하라고 사람들에게 강요해서는 안 된다. 그들의 헌신을 얻어내야 한다. 공포는 헌신을 얻어낼 수 없다.

존경의 파워

많은 리더들이 존경받고자 한다. 그것이 성공으로 가는 열쇠라고 생각한다. 이것은 잘못된 생각이다. 유능해지는 데 존경은 필요치 않다.

이런 오해가 생기는 원인은 부하 직원들의 동기를 유발하는 힘과 카리스마를 덕으로 찬양하는 리더십 책들에서 기인한다. 리더들은 이 힘을 추앙한다. 그들을 사랑하고 존경하며 그들에게 복종하는 헌신적인 동료들을 만들어낸다. 당신에게 카리스마와 동기 부여의 힘이 있다면 물론 이는 행운이다. 이 둘은 배울 수도 없고, 아직까지 어떤 의학적 방법으로도 이식해줄 수 없는 것들이기 때문이다.

그러나 이 둘은 매우 강력한 힘이 있지만 동시에 위험한 특성 역시 가지고 있다. 당신을 약속의 땅으로 이끌어줄 모든 카리스마 있는 리더들 중에는 당신을 황무지로 데려다 줄 사람들도 한 다스쯤 있는 것이다. 카리스마 하나가 리더를 보증할 수 있는 사람, 정직하고 도덕적인 사람으로 만들어주는 것은 아니다. 또한 카리스마적인 리더들은 영웅주의의 함정에 빠지기도 쉽다. 그들 스스로가 조직을 지탱하는 사람들이라고 여기기 때문이다.

카리스마에 관한 신화가 지지받는 것은 우리가 카리스마와 영감을 고취시키는 리더를 필요로 하지만, 현실 세계에는 그런 리더가 없다는 데에 기인한다. 그러나 반대로 이는 현실과 신화의 차이를 입증하는 것이기도 하다. 또한 이런 조사가 전혀 쓸데없는 짓이라는 것도 알려준다. 사람들에게 당신이 원하는 것이 100만 달러냐고 묻는다면 대부분의 사람들은 그렇다고 대답할 것이다. 그리고 나서 그들에게 100만 달러를 가져야 하느냐고 묻는다면 대부분 그렇지 않다고 대답할 것이다. 무언가를 원하는 것과 그것이 필요한 것과는 다르다. 우리는 카리스마 있는 리더가 필요하다. 그러나 그것이 언제나 좋은 것은 아니다. 히틀러나 마오쩌둥, 폴 포트 같은 참극을 불러온 독재자들도 그들의 분야에서는 카리스마 있는 리더였다.

성공을 위해 카리스마 있는 사람이 될 필요는 없다. 당신의 회사를 한번 둘러보라. 아마도 대다수의 관리자들이 카리스마를 가지고 있지는 않을 것이다. 그럼에도 불구하고 이들 중의 몇몇은 엄청나게 유능하고, 어떤 일을 가능하게 한다. PQ에 관해서는 그들이 카리스마 있는 히틀러보다 훨씬 나은 역할 모델이다.

존경이나 공포의 대상이 되는 것은 당신의 영향력을 미치는 데 한계가 있다. 새로운 일을 만들고, 그것을 이루는 데 필요한 대안을 찾아야 한다.

신뢰의 파워

유능한 리더들은 공포나 카리스마, 존경에 의지하지 않는다. 리더들은 공포나 존경에 의지할 필요가 없다. 신뢰에 기반한 네트워크를 구축하면 매우 인상적으로 영향력을 미칠 수 있다. 부하 직원의 입장에서 생각해보라. 당신은 신뢰할 수 없는 사람과 일하고 싶은가? 그런 사람들과는 때때로 일할 수는 있겠지만, 그런 상황은 가능한 한 피하고 싶을 것이다. 공식적인 계급 체계와 통제 메커니즘이 있는 세계에서 신뢰는 파워와 영향력의 통로이다.

신뢰는 무작위로 발생하는 것이 아니다. 신뢰를 얻을 수 있는 방법도 있고, 잃을 만한 행동 법칙도 있다. 당신은 누군가를 신뢰 했거나 그 신뢰를 잃어버린 경험을 떠올릴 수 있을 것이다. 다음 은 신뢰를 쌓는 방법에 관한 간단한 공식이다. 단, 수학적 정밀함 은 입증할 수 없다.

$$T = (V+C)/R$$

- T = 신뢰(Trust). 이것은 당신의 파워 네트워크에 포함시키고 자 하는 각각의 사람들을 맞아들일 수 있는 경로다.
- V = 가치(Value). 가치 있는 친밀함. 당신은 공통의 관심사나 가치, 경험, 소망을 공유하고 있는가? 그렇다면 다른 사람들 과 잘 지내고 있을 것이다. 그렇지 않다면 이제라도 당신의 사 적, 공적인 영역에서 일반적으로 알고 있는 사람들에게서 찾 으면 된다. 보통의 것들에서 시작하면 될 것이다.
- C = 신용(Credibility). 당신은 다른 사람들과 공통점을 많이 가 지고 있다는 것을 알게 될 것이다. 그들과 함께 한잔하러 가는 것을 즐길 수도 있다. 그러나 그렇다고 해서 당신이 그들을 신 뢰한다는 것은 아니다. 그 위에 신용이라는 것이 필요하다. 여

기에는 말과 행동의 일치가 중요하다. 그들이 말만 하고 행동하지 않는다면, 그들을 믿을 수 없다.

- R = 위험(Risk). 위험은 눈에 보이지 않는 빙산의 잠겨 있는 부분과 같다. 위험은 관계를 파괴하고 결정을 망친다. 이것이 점점 더 신뢰를 쌓아야 하는 이유이다. 작은 것에서부터 당신의 신용을 보여주라. 이런 것들이 모여 큰 신뢰가 형성된다.

파워를 얻기 위해 신뢰를 쌓는 법

신뢰를 쌓는 데는 시간이 걸린다. 누군가를 더 잘 알게 될수록 그의 기호를 맞추기는 쉬워진다. 누군가와 오래 일할수록 그에 대한 당신의 신용을 더 잘 보여줄 수 있다. 당신이 새로운 회사로 간다거나 새로운 사람을 만날 때 신뢰를 구축하는 방법은 하나의 도전이 된다. 신뢰가 전혀 없는 관계의 사람들과 일을 시작하게 된다면, 되도록 빨리 신뢰를 얻어야 한다.

가치 있는 친밀함을 구축하라

첫 번째 미팅에서 가치 있는 친밀함을 구축하는 것은 빠른 출발을 도와준다. 관심, 가치, 경험, 소망이 비슷하다는 것을 보여주라. 먼저 책상에서 시작하라. 누군가의 사무실에 가면, 그들의 책상과 벽에 붙어 있는 것이 무엇인지 눈여겨보라는 것이다. 이것들은 당신에게 많은 것을 알려줄 것이다.

자동차, 집, 이국적인 휴가지의 풍광, 스포츠 팀 등의 사진은 그들의 개인적 관심사를 알려준다. 그 사람과 관계를 맺고 싶다면 일단 그것들에 대해 물어보면서 말을 꺼내라. 가족 사진은 그들의 가족에 대해 알려준다. 당신의 가족이 그와 비슷한 구성원, 연령대 등 유사점이 있다면 이는 매우 유용하게 쓰일 것이다. 직업적 자존심이나 허영심을 채워주는 학위증도 있다. 그것들에 대해 잊지 말고 이야기하라.

회의실에만 앉아 있으면 눈에 보이는 단서를 찾을 수 없다. 사무실에 먼저 다녀왔다면 이미 당신은 그들에 대해 작은 것 하나쯤은 알게 되었을 것이다. 일반적인 경험이나 (회사에 대한 것도 좋다) 상대도 알고 있는 누군가에 대한 이야기도 좋다. 기회는 당신이 상대방과 공통적인 화제를 꺼냄으로써 찾아온다.

첫 만남에서 대다수의 사람들은 자신의 대단한 경험에 관해 떠벌림으로써 다른 사람에게 인상적으로 기억되려고 한다. 하지만 이것은 실수다. 비판적인 질문을 받게 되거나 관계를 구축하지 못하게 될 위험이 있다. 이것이 바로 모든 훌륭한 리더와 파워 있는 사람들의 비밀이다. 그들은 두 개의 귀와 한 개의 입을 가진 사람들이다. 리더십과 파워의 비밀은 당신에게도 내재되어 있다.

다음은 이 비밀 무기들을 어떻게 사용하는지에 대한 것이다. 규칙은 간단하다. 두 번 듣고 한 번만 말하라.

사람들에게 스스로 자신들이 좋아하는 주제에 대해 이야기하게 하라. 클라이언트들도, 관리자들도 항상 자기들 이야기만 한다. 마치 연인 사이인 남녀가 각자 자기 이야기만 하는 것과 같다. 어떻게 이야기를 할지는 당신이 선택할 몫이다. 그들의 이야기는 당신에게 수많은 단서가 된다. 그리고 당신이 잠자코 듣고 있으면, 그들은 곧 당신을 자신과 같은 훌륭한 시각으로 세계를 바라보는 똑똑한 사람으로 생각할 것이다. 어떤 논쟁도 할 필요가 없다. 그들이 말하는 것에 관심을 기울이고, 그들이 계속 말할 수 있을 만한 질문 몇 개만 던지면 된다.

그들을 추켜세울 필요도 없다. 그들 스스로가 자신에 대해 우쭐해하게 그냥 두라. 사람들은 누구나 기회가 된다면 자신이 스스로 만든 셀프 이미지에 대해 말하는 것을 좋아한다. 사람들은 대개 다음과 같은 셀프 이미지를 가지고 있다.

- 통찰력 있는 사람
- 관대한 사람
- 다른 사람들에게 친절한 사람

- 기술적으로 명석한 사람

- 진취적인 사람

- 귀족

- 극도로 이상한 것에 직면했을 때 대항할 수 있는 용기를 가진 사람

- 중요하고, 성공할 수 있는 사람

일반적으로 사람들은 "저는 용감하고, 통찰력 있고, 관대한 사람이에요"라고 말하지는 않는다. 그러나 그들이 하는 이야기들이 이를 대신 말해준다. 이 이야기에 당신이 깊은 관심과 감탄을 보인다면 그들은 자신들의 소울 메이트나 지지자를 만났다며 기뻐할 것이다.

친구를 얻는 것

바네사는 상습적으로 지각을 한다. 가벼운 아침 회의에도 15분씩 늦는 것은 그녀의 개인적인 전략이다. 이것도 일종의 파워 플레이이다. 그리고 이것이 그녀가 말하는 방식이기도 하다. 즉 "나는 너무 바빠서 시간 맞춰서 일을 중단할 수가 없어요. 나는 당신들이 기다려줄 만큼 중요한 사람이에요"라고 말이다. 그 사람을 좋아하게 만드는 좋은 방법이라고는 할 수 없다.

나는 어느 날 그녀와 오전 11시에 예비 고객을 만나기로 했다. 나는 11

시에 회의를 시작했다. 다루어야 할 주제가 많은 힘든 회의였지만 잘 진행되고 있다고 생각했다. 11시 20분쯤, 환한 미소를 지은 그녀가 모두에게 사과를 하며 극적으로 등장했다. 그리고 곧 남자들과 시시덕거리기 시작했다. 그녀는 클라이언트 대표가 여성이고, 그 여성이 그런 태도를 불쾌해한다는 것을 깨닫지 못했다.

그녀는 누가 누구를 알고 있고, 그들이 하는 일이 무엇인지에 대해 이야기하면서 그 회의에서 중요하게 다루고 있던 안건을 바꾸어버렸다. 내 입이 벌어졌다. 그러나 그녀는 아랑곳하지 않고 계속 잡담을 했다. 나는 그녀를 수다쟁이라 생각했고, 그녀는 이런 나를 구시대적 대인관계 기술을 가진 사람이라 여겼다. 나와 함께 협상한다는 것 자체가 운이 나쁜 것이라고 생각했을 것이다. 당시에는 서로 이런 사실을 알지 못했다. 그러나 우리는 완벽한 팀이었다.

누가 누구를 알고 있는지에 대해 15분 정도 수다를 떠는 (나는 그 이상은 허용할 수 없다) 과정에서 그녀는 신용을 구축했다. 그들은 그녀의 지각이나 소란스러움에 개의치 않고, 무엇을 해야 할지에 대해 화제를 전환했다. 그리고 서로 친해졌다. 마치 옛 친구들의 모임 같았다. 그 자리에서는 마치 내가 불청객 같았다.

잡담을 떤 뒤 바네사는 클라이언트의 일에 대해 정중한 태도로 화제를 바꾸고 대화를 이끌었다. 그녀는 클라이언트들이 자신들이 해낸 도전과 성과에 대해 자랑하도록 내버려두었다. 또 귀중한 15분이 지나갔다. 나는 그들의 행동이 바뀐 것조차 깨닫지 못했다. 이제 그들은 편안하게 이야기하기 시작했다. 방어벽을 내리고 우리에게 (최소한 바네사에게) 호감을 나타냈다. 그들은 그녀가 자신들의 편이라고 생각했다. 그리고 우리가 동의해줄 것을 바라며 자신들에 대한 이야기를 계속했다.

회의가 끝날 무렵, 그들을 우리의 고객으로 만들기 위해 노력할 필요도 없어졌다. 20분이 지나자 클라이언트 대표가 그녀를 바라보고 말했다. "시간이 다 되었네요. 당신이 이 제안서에 대해 말해야 한다는 것을 알아요. 이 제안서가 우리에게 도움이 될 것 같네요. 전 돌아갈 테니 당신은 팀과 함께 세부 계획을 세워주면 좋겠네요."
힘든 미팅이 부전승으로 끝나버린 것이다. 나는 논쟁에서 이겨야 한다고, 친구도 이겨야 한다고 배워왔다. 나는 그 회의에서 논리적이어야 한다고 생각했지만 그녀는 관계를 만들어야 한다고 생각했다. 이것이 왜 우리가 완벽한 팀인지에 대한 이유다. 한 명이 논리적으로 일하면 다른 한 명은 감성적으로 일한다. 나는 그녀가 제시간에만 나타난다면 우리가 얼마나 더 많은 것을 이룩해낼 수 있을지 아직도 궁금하다.

신뢰를 구축하라

가치 있는 친밀함을 쌓았다면 이제 이것을 바탕으로 신뢰를 구축해야 한다. 여기서부터 행동을 개시해야 한다. 신뢰를 쌓기 위한 기초는 완벽한 우체부처럼 행동하는 것이다. 당신은 언제나 약속된 대로 일을 수행해야 한다. 뉴욕 우체국의 제임스 파레이(James Farley)의 묘비에는 이런 말이 있다.

"비가 오나 눈이 오나, 덥거나 태풍이 오나 약속된 스케줄대로 신속하고 완벽하게 배달해야 한다."

이 묘비명은 로마 역사가인 헤로도토스가 고대 페르시아의 우편 제도에 대해 말한 구절에 기반을 두고 있다. 약속을 지켜서 쌓은 신용은 영원하다. 변명은 당신이 구축해놓은 신뢰를 녹슬게 하고 완전히 부식시킨다. 완벽한 우체부처럼 당신은 장애를 극복하고 나아가야 한다. 배달에 실패했을 때 그 장애물을 변명의 근거로 이용해서는 안 된다.

신뢰를 쌓는 데에는 시간이 필요하다. 그러나 신뢰를 쌓기 위해 약간의 신뢰를 빌려올 수는 있다. 이를 통해 튼튼한 신뢰를 구축할 수 있다. 신뢰를 빌려온다는 것은 제3자가 당신을 보증한다는 뜻이다. 이를테면, 강력한 브랜드 파워를 가진 IBM이나 맥킨지에 고용되고 싶다면 절대로 해고당하지 마라. 설령 그 회사가 완전히 엉망진창이라 해도 미래에 있을 최상의 고용 기회를 위해 잘못을 저질러서는 안 된다. 이 밖에도 빌려온 신뢰로는 예전 직장에서의 인간관계 혹은 당신의 서비스에 만족했던 고객들, 명사에 의한 추천, 믿을 만한 중개인에 의한 소개, 당신 상사의 소개 등이 있다.

빌려온 신뢰는 당신이 시간을 들여 구축한 신뢰보다는 효과가 약하다. 언제까지나 "상사가 원하는 대로 했는데요"라고 말하면서 자신의 커리어를 유지할 수는 없기 때문이다. 스스로 당신만의 신뢰를 구축해야 한다. 여기서 짧은 시간에 주목을 받을 수 있는 몇 가지 팁을 소개하겠다.

- 회신 전화나 이메일은 언제나 즉시 보내라.

- 회의가 끝나면 몇 시간 안에 회의록을 작성해서 배부하라. 하루 이상이 걸리면 안 된다. 시간도 절약되고, 막 끝낸 일이라 작성하기도 쉽다. 무엇보다 당신을 프로페셔널한 사람으로 보이게 해준다.

- 회의 전에 이번 회의의 안건과 방향에 관해 사람들에게 브리핑하라. 갑작스러운 일이 발생하는 것을 막아준다.

- 가치를 추가하라. 만약 누군가가 어떤 주제에 관심을 보이고 있다면 그를 도와줄 수 있는 관련 기사나 데이터, 정보를 그에게 제공하라.

- 눈에 보이도록 정직하게 행동하라. 펜 한 자루를 빌려도 항상 바로 돌려주고, 떨어진 펜이나 잃어버린 노트를 보면 원래 주인에게 돌려주라. 바늘 도둑이 소도둑 된다고 사람들은 생각하기 때문이다.

당신이 쌓아놓은 신뢰를 잃어버리게 하는 것들도 있다.

- 프레젠테이션 시 잘못된 수치 사용 : 한 개의 잘못된 수치가 전체 수치에 영향을 주고, 결국 프레젠테이션의 질 자체를 의심케 할 것이다.

- 철자 실수 : 철자 실수는 당신의 주장 자체가 신뢰할 만하지 못

한 것으로 생각하게 만든다.

- 상대의 등 뒤에서 이러쿵저러쿵 말하는 것 : "당신은 그 사람이 등을 돌리자마자 그에 대해 이런저런 안 좋은 소리를 하던데, 내가 등을 돌렸을 때 똑같이 하지 말란 법이 어디 있소?"라는 당연한 말을 듣게 될 것이다.

- 책임 전가 : 일이 잘못되었을 때 다른 사람에게 책임을 떠넘기거나 변명하지 마라. 뒤를 돌아보지 마라. 그 상황을 어떻게 대처해나갈 수 있을지만 생각하라.

- 성과 떠벌리기 : 스포트라이트를 독차지하지 마라. 누구도 당신 혼자서 그 일을 전부 해냈다고 생각지 않는다. 그리고 모두의 노력을 자신의 것으로 독차지하려 드는 사람과는 일하고 싶어하지 않는다. 아량을 베풀라.

이런 사소한 행동 하나하나가 신뢰를 쌓고 제때에 파워를 획득할 수 있는 첫걸음이다. 하나의 목표를 달성할 때마다 당신은 더 도전할 만한 목표에 참여할 권리를 얻게 될 것이다.

위험을 관리하라

위험은 진척되고 있는 일의 아래로 흐르며 결정을 무효화하고 파워를 파괴한다. 위험은 보이지 않고 들리지 않는 공포이다. 그러나 이를 잘 관리하면 파워로 가는 지름길이 될 수 있다.

대부분의 사람들은 위험과 맞닥뜨리길 좋아하지 않는다. 자신의 가치를 입증하고 인정받는 비(非)행정 분야의 관리자나 컨설턴트들은 위험 기록을 남기지 않는다. 그것은 대부분의 관리자나 조직이 다룰 수 있는 합리적인 위험이다. 그러나 진짜 위기를 몰고 오는 위험은 개인적이고 정치적인 것이다. 다음과 같은 표현되지 않는 위험들이 있다.

- 이 변화가 계속 진행된다면, 그것이 내게 어느 정도나 영향을 미칠 것인가?
- 이 프로젝트가 잘못되면 내겐 무슨 일이 생길까?
- 상사가 바뀐다면, 그가 내 전력에 어떤 영향을 미칠까?
- 이 일을 하는 것이 내게 도움이 될까, 악재가 될까?
- 그 새로운 프로젝트를 내가 지지하는 게 나을까, 반대하는 게 나을까?

이것이 관리자들이 항상 자신에게 하고 있는 질문이다. 공공연히 하기에 적합한 질문은 아니다. 가장 중요한 질문은 (개인적이든 정치적이든) 합리적인 토의라는 연막 뒤에 숨겨져 있다. 사람들은 새로운 아이디어에 대해 소모적인 논쟁 대신 끝없이 합리적인 토론을 선택한다. 그러나 이것은 기능장애를 일으키는 것밖에 안 된다. 합리적인 토론이란 양측이 서로 개인적이고 정치적인 위치를 비호하려 들기 때문에, 논쟁은 점점 더 강해지고, 깊은 늪 속으로 빠지게 된다.

PQ가 높은 관리자들은 관리가 순수하게 합리적이지 않음을 알고 있다. 그것은 개인적, 정치적, 혹은 감정적인 이유로 격양될 수 있다. 정치성과 합리적인 논쟁을 통제할 수 있을 때만 참여하라.

No가 Yes를 의미할 때

우리는 정치적으로 일을 잘 해내고 있다고 생각했다. 새 아이디어에 대한 지원을 받기 위해 우리는 다양한 정부부처 장관들과 비평 기관들을 목표로 삼았다. 현재 우리에게 필요한 것은 단지 일반적인 절차를 통과시켜줄 공무원뿐이었다. 그래야 새 프로그램을 시작할 수 있었다. 우리는 모든 것을 준비하고 최종 회의에 들어갔다. 그러나 공무원들이 폭탄을 떨어뜨렸다. "No"라고 대답한 것이다. 그들은 우리의 새 프로그램이 왜 진행되어서는 안 되는지 매우 명확한 이유를 들었다. 위험이 너무 커서 실패할 가능성이 너무 높다는 것이었다.

우리는 낙담하여 회의장을 나섰다. 일에 대해서는 말 한마디도 할 수 없었다. 돌아와서 우리는 그들의 대답에 대해 숙고해보았다. 그리고 그 프로그램이 위험하고 실패할 것이라는 그들의 말은 우리에게는 무의미하다는 것을 알았다. 우리는 그것이 성공할 것이라고 확신했다. 공무원들이 말하는 위험이 우리의 실패를 뜻하는 것이 아니라는 것을 깨달은 것이다. 그것은 성공할 잠재력이 있는 프로그램이었다. 만약 우리가 성공한다면, 상대적으로 그들의 프로그램이 비효율적이고 너무 비용이 많이 든 것처럼 보이게 되는 것이었다. 우리의 성공은 그들과 그들의 '윗분'들을 당황시키게 될 것이었다.

그래서 우리는 다시 비공식적으로 공무원들을 찾아갔다. 그리고 우리의 프로그램이 얼마나 실패할 가능성이 높은지에 대해 합리적으로 설명했다. 만약 우리가 큰 성공을 거둘 것이라고 말하면 그들이 가지고 있는 악몽에 불을 지피는 것이 될 터이기 때문이었다.

위험에 대해 말했기 때문에 그들은 100퍼센트 프로그램의 실행을 반대했다. 대신 우리는 그들에게 이것이 전혀 그들을 당황시키지 않을 평범하고 평범한 프로그램이라는 것을 확신시켜주는 데 대부분의 시간을 보냈다.

다음번 공무원들과 장관과 함께한 공식 회의에서, 우리의 프로그램은 승인을 받았다. 그리고 그들의 프로그램을 끝장낼 정도로 엄청난 성공을 거두었다. 우리는 전쟁에서 승리하려면 일단 후퇴하여 그들의 신뢰를 얻은 후 평화를 쟁취해야 한다는 것을 깨달았다.

이제 이익을 얻기 위해 위험을 다룰 때 알아야 할 네 가지 원칙에 대해 이야기해보자.

첫째, 누군가가 당신의 아이디어에 합리적인 이유를 들어 반대하다면, "왜 그들이 저런 자세를 취하는 것일까" 생각해보라. 논리적인 말 뒤에는 정치적인 이유가 숨어 있다.

둘째, 정치적 위험은 비공식적으로 다루라. 공공연히 다루지 마라. 공식적인 태도를 취하면 태도를 바꾸기가 정치적으로 어려워진다. 두 명 이상이 참석한 미팅은 어떤 것이든 공식적인 것이다. 비공식적으로 그들의 의제가 무엇인지 알아내라.

셋째, 의심스럽다면, 위험을 제거하라. 평범한 사람들(기업가, 컨설턴트, CEO, 재무설계사 등 모두를 포함한다) 대부분은 위험과 불확실한 것을 싫어한다. 통제할 수 없고 손해를 볼 수 있기 때문이다. 만약 당신이 위험과 불확실성을 제거할 수 있는 사람이라면, 빠른 시간 안에 당신은 동지를 얻을 수 있을 것이다.

넷째, 위험을 점진적으로 관리하라. 신뢰와 신용을 구축하고자 한다면 점진적인 접근은 필수적이다. 작은 것들부터 실행함으로써 당신의 신용을 최대한 빨리 쌓도록 하라(회의 시간을 제대로 지키는 것처럼 사소한 것에 더 신경 쓴다). 작은 것으로 다른 사람들을 먼저 시험하라. 그들이 간단한 일이나 약속들을 곧 실행하는지 보라. 양측에 신뢰가 쌓이면, 당신은 더 크고 더 중대한 일을 맡을 수 있을 것이다.

파워의 형태 : 속도, 공간, 우아함

어떤 사람들은 카리스마와 파워가 배어 나온다. 어떤 사람들은 실패의 기운이 배어 나온다. 또 어떤 사람들은 미소가 흘러나온다. 이런 것들은 타고난 특질처럼 보이지만, 당신도 가지고 있을 수 있다. 아무리 변해도 파워를 발휘할 수 없을 것 같은 사람들도 있지만, 의외로 파워의 외양을 증가시키기 위해 할 수 있는 작은 일들이 있다. 기억할 만한 가장 간단한 법칙은 재규어 사의 설립자인 윌리엄 라이온즈(William Lyons) 경의 말에 담겨 있다.

"속도, 공간, 우아함."

유능하고 파워 있는 관리자의 특징도 '속도, 공간, 우아함'이다.

파워 쇼핑 : 두 거리 이야기

런던 동부에 있는 브릭 레인은 금융 지역인 부자 도시에 있는 가난한 동네이다. 그곳으로 가는 길은 400미터밖에 되지 않지만 꼭 4,000킬로미터쯤 되는 것처럼 느껴진다. 매우 복잡한 금융 시장의 한 구역에는 항상 할인 판매를 하는 가게들과 노점상들이 늘어서 있다. 슈퍼마켓 체인점에서 거절당한 과일과 채소들, 싸구려 플라스틱 식기, 할인 판매를 하는 천들이 줄줄이 늘어서 있고, 공장에서 직접 가지고 나온 물건들도 있다. 산더미처럼 쌓인 엄청난 양의 잡동사니 속에서 당신은 진짜 할인 판매를 하거나 끼워팔기를 하는 물건을 찾을 수 있으리라 생각할 것이다.

동부의 브릭 레인으로 가는 대신, 서부의 본드 가로 간다면 당신은 완전히 다른 쇼핑을 경험할 수 있을 것이다. 그곳에는 보석상, 패션숍, 멋진 디스플레이가 되어 있는 이국적인 가게들이 줄지어 있다. 당연히 가격표는 붙어 있지 않다. 가격을 묻는다면 아마 가게 안에 있을 수 없을 것이다. 패션숍 안으로 들어갈 용기를 낸다 해도 대부분 돈이 부족하다는 것을 알게 될 것이다. 물건들은 "고객님" 하며 알랑거리는 종업원들의 추천을 받으며 최대한 조심스럽게 진열되어 있다.

소매업자들은 의지의 심리학에 대해 알고 있다. 브릭 레인에는 값이 싼 물건이 잔뜩 쌓여 있다. 본드 가에는 값비싸고 유행의 최첨단을 걷는 한정품들만 있다. 상품이 적을수록 값이 올라가고 희귀품이 된다.

파워 관리 역시 유사한 법칙을 사용한다. 사원들은 자신을 격려해주는 사람에게 붙고, 자신에게 유리한 상황을 만들려고 말을 하고 또 한다. 파워를 이용하는 사람들은 적게 말하는 것이 더 효과가 있다는 것을 안다. 말을 적게 함으로써 그들은 더 많이 듣고, 그것이 자신들에게 더 많은 기회를 준다는 것을 배운다. 한두 가지만 명확하게 말함으로써 그들은 많은 이야기를 하는 사원들보다 더 많은 인상을 남긴다. 명확한 메시지 한 개가 상충되는 여러 개의 메시지보다 훨씬 더 강력하다.

속도와 파워

속도는 당신이 말하는 횟수와 말해야 할 때에 관한 것이다.

옛 귀족들은 "벼락부자는 소리를 지르고, 부자는 속삭인다"라고 말하곤 했다. 계급은 있지만 돈은 별로 없는 그들이 말하는 방식이다. 부자 상인들은 돈은 있지만 귀족 계급에 속할 수 없다. 이런 시각 때문에 돈이 없는 귀족은 돈을 위해 부자 상인과 결혼을 하고, 부자 상인은 계급을 사기 위해 귀족과 결혼하고자 하는 것이다.

새로 파워를 얻은 사람은 소리치고, 원래부터 파워가 있던 사람은 속삭인다. 모든 직급의 관리자들이 모이는 회의가 어떻게 진행되는지 살펴보라. 최상층의 관리자들은 아무 말도 하지 않거나 심지어 회의에 불참한다. 그러나 그들의 영향력은 그곳에 존재한다. 떠오르는 신참 관리자들은 인상을 주기 위해 소리를 높이고 자신들의 업적을 드러낸다. 그들은 엄청나게 노력한다. 반면 대부분의 중역들은 몇몇 질문을 던지는 것 외에 거의 말을 하지 않지만 회의를 통제하고, 결론을 주도한다.

사실상 공식 회의에서 계급 차별은 피하기 어렵다. 중역은 말

을 적게 할 수 있는 파워와 특권을 가지고 있다. 반면 하급 관리자
들은 자신들의 논지를 피력하고 목소리를 내기 위해 엄청나게 열
심히 노력해야 한다. 그러나 이들은 스스로 결론을 내려고 해서
는 안 된다. 공식 석상에서 결론을 내리는 것에는 다음의 세 가지
문제가 있기 때문이다.

첫째, 그 결론은 잘못된 결론일 수 있다.
둘째, 공식적으로 결론 내리면, 되돌리기는 거의 불가능하다.
셋째, 당신은 통제 불가능한 사람이다. 공정한 시합은 이상일
뿐이다. 이를 정말로 원해서는 안 된다. 당신이 할 수 있는 일은
기정사실화된 것에 동조하는 것이다.

당신이 할 수 있는 일은 일대일로, 비공식적으로 가능한 한 의
제들을 최대한 많이 수행하는 것이다. 비공식적으로 기반을 구축
하라. 사람들의 관심사를 듣고, 개인적으로 접근하라. 공식 회의
는 당신이 이미 구축해놓은 비공식적인 의제들을 공식화하는 데
만 사용하라.
파워를 획득하면 더 적게 말해도 더 큰 영향력을 미치게 된다.
당신이 드러내놓고 큰 소리로 외치면, 사람들은 당신이 말하는
것의 대부분을 무시할 것이다. 당신이 적게 말하면 그들의 주의
를 끄는 것은 물론, 입에서 나오는 여러 가지 메시지들이 섞이지

않고 제대로 전달될 수 있다.

속도는 당신이 말하는 횟수에 대한 것만은 아니다. 언제 말하느냐에 대한 것도 포함한다. 적수가 당신을 치기 전에 먼저 쳐라. 이는 협상에도 적용된다. 제1 법칙은 다른 사람들이 포석을 깔기 전에 당신이 필요한 결정의 포석을 깔라는 것이다. 대표적으로 예산 협상이 있다. 첫 번째 예산안이 예산기획부에서 나오기만을 기다리고 있다면, 당신은 이미 죽은 고기를 잡은 것이다. 재무부가 당신에게 필요하다고 생각한 세부적인 사항들은 조정할 수 있는 것이다. 그들은 당신이 받을 수 있다고 생각한 보너스나 수당 같은 것들을 당신이 생각한 만큼 주지 않는다. 전체 결정이 내려지기 전에 당신이 먼저 움직일 필요가 있다.

예를 들면 내가 일본 지사장으로 일하고 있을 때 나는 공식 컨퍼런스 장에서 커피를 마시러 가는 척하면서 우리 회사의 CEO를 우연히 만난 체한 적이 있다.

"요즘 일본은 어떤가?" CEO가 물었다.

"좋습니다. 새 IT 시스템과 두 명의 인력 충원만 있으면 다음 해에는 이 정체기를 극복할 수 있을 것 같습니다."

"더 이상의 적자는 없겠는가?" CEO가 놀라서 물었다.

"우리가 투자를 하지 않는 한요." 나는 대답했다.

그해의 예산 결정은 우리가 합리적으로 산출한 투자 비용과 정체기를 극복할 비용이 완전히 반영된 것이었다. 재정 팀장이

CEO를 먼저 만났다면, 최소한 10퍼센트의 이윤과 투자를 하지 않는 쪽으로 산출된 예산이 할당되었을 것이다. 다음 해에 당신은 보너스와 결별하고 힘든 일을 부여받고 싶은가?

예산과 예산기획 결정은 대부분 세부 사항을 조정하는 데 있어서 급속하게 수렁에 빠지는 경향이 있다. 여기에는 많은 시간과 정치적인 노력이 엄청나게 소요된다. 당신의 추산대로 결정이 내려질 수 있도록 먼저 포석을 깐다면, 편안하게 세부 사항을 조정할 수 있게 되고, 이로 인해 당신은 정치적으로 후한 사람이라는 평가를 얻게 될 것이다.

공간과 파워

말단 사원에서 중역의 자리로 걸어가고자 하는 사람들에게 공간의 중요성은 명백하다. 두꺼운 카펫이 깔려 있고, 신선한 꽃들이 있고, 오늘 날짜의 신문들이 나란히 놓여 있다. 소음과 무질서가 만연한 사무실이 침묵과 호화로운 파워가 존재하는 집무실로 바뀌는 것이다. 당신이 가지고 있는 물리적인 공간이 어떻든지, 힘을 전달하기 위해 공간을 사용할 수 있는 방법에는 두 가지가 있다. 당신의 자리를 깔끔하게 정리하는 것, 그리고 당신만의 개인 공간으로 만드는 것이다.

나는 오래전에 정돈된 책상이 정돈된 마음가짐을 나타낸다는 말을 들은 적이 있다. 내게 그 말을 했던 관리자는 깨끗이 비워진 나무 책상을 가지고 있었다. 나는 그때 마음가짐이 외형적으로 신호를 보내는 것을 어떻게 알 수 있느냐고 말했다. 나는 예전부터 책상을 정돈하는 데 소질이 없었기 때문이다. 그는 그것이 단정한 마음가짐을 보여주는 것이라기보다 파워를 보여주는 것이라고 했다. 중간 관리자들의 책상은 서류와 온갖 잡동사니들로 가득 쌓여 있다. 어떤 사람들은 이것이 열심히 일하는 증거라고 생각된다. 그러나 다른 어떤 사람들에게는 그것이 무질서하고, 정돈되지 못하고, 관리할 줄 모르는 사람의 증거라고 생각한다.

물론 나도 책상이 전쟁터 같고, 서류 뭉치들을 큰 쇼핑백에 한 번에 쓸어 담아 가지고 다니는 CEO와 일한 적이 있다. 그는 예외적인 존재였고, 결국 해고를 당했다. 대부분의 CEO들은 공간을 매우 차분히 유지한다. 더러운 컵들은 치우고, 해외 각지에서 사 모은 재미있는 기념품들 같은 것들로 책상을 장식하지 않는다. 할 수 있는 한 많은 파일들을 1번 파일(쓰레기통)에 처넣고 나머지를 정리하라. 적은 파일 뭉치가 더 많은 파워를 가져온다.

사람들은 사무실 공간을 개인화시키기를 좋아한다. 일종의 영역 표시인 것이다. 하지만 당신이 좋아하는 스포츠 팀이나 영화배우, 가족, 휴양지의 정경 등을 붙이는 것은 해가 될 수 있다. 그것들은 당신에 대해 말해줄 수는 있지만, 당신의 파워, 성과, 장래성은 전혀 말해주지 않는 쓸모없는 것들이기 때문이다. 이익을

얻을 수 있는 쪽으로 개인화하라. 3년 전에 찍은 사진들보다 뛰어
난 성과를 올렸을 때라든가, 멋진 관심사로 보일 만한 것들, 즉 당
신의 파워에 대해 많은 말을 해줄 수 있는 사진을 선택하라. 포토
샵을 사용해서 대통령이나 독재자를 목매단 사진 같은 것을 합성
하는 기술을 익히라는 소리가 아니다. 당신을 신뢰할 만한 사람
이라고 말해주는 자선단체에서 찍은 기념사진 같은 것을 걸어두
라. 정복 불가능한 산을 등반한 사진은 험난한 산을 정복하는 당
신의 이미지가 된다. 직장에서만이 아니라 직장 밖에서도 당신이
본질적으로 성공적이고 흥미로운 인간이라는 이미지로 당신의
이미지를 바꿔라.

우아함과 파워

성공을 위한 옷차림 전략이라는 것은 얄팍한 속임수 같아 보이
지만 사실 그렇지 않다. 겉모습만으로 평가해서는 안 되지만 사
람들은 그렇게 하고 있기 때문이다. 사람들은 겉으로 보이는 부
분을 본다. 당신이 길거리의 전과자 같은 옷차림을 하고 있다면
당신은 분노로 가득 찬 십대 소년처럼 변변치 않아 보일 것이고,
혹은 소년원에서 갓 나온 요주의 인물로 보일 수도 있다. 공항 경
비대에서는 당신의 얼굴이 질서를 어지럽힐 얼굴이라고 간주할
것이다. 그런 옷차림으로는 이사회에 합류하라는 초대장을 기대

할 수 없다. 당신이 근무하는 회사의 실제 드레스 코드를 읽어야한다. 이 코드는 유니폼을 착용하는 군대 같은 곳에서는 각기 계층과 책임, 활동에 따라 세밀한 부분까지 차별화되도록 조정된다. 의심스럽다면 당신보다 한 계급 위에 있는 직속 사수나 혹은 팀장들 중에서 좋은 역할 모델이 될 만한 사람의 옷차림을 보라. 드레스 코드는 국가뿐 아니라 다음의 사항에 대해서도 매우 다양하게 변한다.

- 산업 : 미디어와 관련된 창의적인 직업 종사자와 은행이나 중앙 정부처럼 보수성이 강한 직업 종사자의 옷차림은 다르다.
- 기능 : 기술직 종사자들과 마케팅 관련 종사자들.
- 직급 : 중역과 말단 사원.
- 활동 : 클라이언트와의 미팅에서는 정장을, 사내 이벤트에 참석할 때는 캐주얼을 입는다.

확실히 이는 혼란을 가져올 수 있다. 큰 IT 기업들은 졸업 예정자들이 참석한 입사 설명회에서 쿨하고 재미있는 하이 테크놀로지 기업처럼 보이고 싶어하지만, 국제 시장에서 만나는 협력사들에게는 수수하고 믿을 만한 사람들로 보여야 하기 때문에 그들은 매우 다양한 옷차림을 하게 된다.

비행기 안을 보면, 의외로 여기서도 옷차림의 계급성을 볼 수 있다. 이코노미 클래스에서는 정장과 타이를 차려입은 사람들이 거의 없다. 비즈니스 클래스는 정장 차림의 영역이다. 퍼스트 클래스는 캐주얼 차림으로 회귀하긴 했지만 모두 명품들이다. 당신이 파워를 가진 것을 느낄 수 있게 되는 시점도 더 이상 회사의 유니폼을 입지 않게 된 순간이다. 일반 사원에서 졸업해서 중역의 자리로 올라가면 당신만의 룰대로 행동할 수 있다.

성공을 위한 옷차림이란 제대로 차려입으라는 소리가 아니다. 예의에 맞는 옷차림을 하라는 것이다. 왕보다 화려한 옷차림을 하는 귀족은 없다. 누가 감히 왕보다 사치스럽게 입을 수 있겠는가. 이제 역할은 역전되었다. 실제 파워를 가진 사람들은 사려 깊게 행동한다. G8 정상회담 자리를 보자. 이 지구상에서 가장 파워 있는 대부분의 사람들이 거기 있다. 그러나 그들은 모두 주제넘지 않은 옷차림을 하고 있다. 반면 지나간 시대의 왕들은 화려한 옷차림을 함으로써 자신이 파워가 없다는 것을 공공연히 드러낸다.

파워와 옷차림

나는 진심으로 기뻤다. 면접은 잘 해냈고, 면접관은 내게 출근해달라고 말했다. 면접실을 떠나기 전, 그가 나를 불러 세웠다. "한 가지만 얘기할게요." 그는 내가 일터에서 입는 기름때가 묻은 작업복 차림의 모습을 보고 말했다. "우리는 사무실에서 일하는 겁니다. 출근하기 전에 정장을 한 벌 사는 것이 좋겠어요."

몇 년이 지나 나는 또 한 번 기쁜 소식을 접했다. 협력사가 내게 스카우트 제의를 한 것이다. 그는 조용히 헛기침을 하고 내 낡고 누추한 정장을 바라보았다. "우리 회사의 장점 중의 하나는 우리가 직원들에게 첫 번째 달의 월급을 미리 지급하기도 한다는 데 있소. 새 정장이나 구두를 사야 한다면……."

몇 년이 지나 상급 이사가 내게 중역의 자리를 제안하게 되어 기쁘다는 말을 전했다. "다른 중역들에게 당신이 새로 중역 자리에 합류하게 되었다고 소개할 참이오. 그런데, 그전에 내가 당신에게 내 개인 재단사를 소개해줘도 되겠소?"

누구도 태생적으로 우아함을 타고나지는 않는다. 또한 그것이 반드시 필요하지도 않다. 불행히도 당신은 다른 사람들이 그것에 부여하는 가치가 얼마나 큰지 전혀 신경 쓰지 않을 수도 있다. 당신이 어떤 역할을 연기하면, 사람들은 그 역할대로 당신을 바라본다. 여기에 대본은 필요치 않다. 단지 상황과 배역에 맞는 올바른 옷차림을 하면 된다. 그렇게 함으로써 당신은 쇼의 주역이 될 수 있다.

우아함은 옷차림에 관한 것만이 아니다. 행동거지도 중요하다. 시간과 자원의 압박을 받으며 일하는 중간 관리자들이 우아하게 행동하기란 매우 어려운 일이다. 그러나 힘들수록 노력하라. 가장 간단한 방법은 공식적으로 사람들에게 감사를 표하고 칭찬하는 것이다. 여기에는 두 가지 주요한 이득이 있다. 바로 친구를 얻기 쉽고, 당신을 파워의 자리에 앉혀준다는 것이다.

사람들을 칭찬하는 것은 파워를 보여주는 일시적인 방법이다.

이는 위험할 수도 있다. 만약 당신이 어떤 이가 완수한 일에 대해 칭찬을 했을 때, 그들이 성과의 공로를 온전히 자신의 것으로 취하려고 한다면? 하지만 사실은 그 반대다. 당신이 실제로 그 프로젝트를 관리하고 있는 사람이라는 것을 언급하며 칭찬을 한다면, 누가 무엇을 하고 있는지 실제로 알려진다. 성과에 대한 공로를 포기하지 마라. 누구와도 싸우지 말고 공로를 취하라.

스포트라이트를 공유하기

프란시스는 정오의 태양보다 빛나는 녀석이었다. 그는 40와트짜리 전구보다 더 밝게 빛나고 싶어 몸부림치는 우리들을 낙담시켰다. 그는 우리보다 항상 최소한 세 걸음 정도는 앞서 있었지만, 그의 지적 능력이 우리보다 훨씬 우월함을 보였기에 그것에 대해 화가 나지는 않았다.

회의에서 그는 지나칠 정도로 앞에 나서지 않았다. 그는 조용히 우리의 허튼소리를 듣고만 있었다. 그는 우리가 지치고 혼란스러워 나가떨어지고 나서야 행동을 시작했다. 그는 조심스럽게 요지를 정리하며, 우리의 의견이 얼마나 괜찮고, 독창적이고, 남다른지에 대해 이야기했다. 이 칭찬에 우리가 얼마나 우쭐댔던지. 그리고 우리는 우리의 말을 지지해주는 프란시스를 멋지고 통찰력 있는 동지라고 확신했다. 그의 말이 끝날 무렵, 모두 그의 편이 되었고, 그가 조심스럽게 내놓는 의견두에 (열렬히든 보통이든) 동조하기 시작했다. 당연히 그 아이디어들은 모두 그의 것이었다. 그는 간단하게 그 아이디어들이 우리 것이고, 우리에게 자신의 아이디어가 지지받는다고 생각하게 만들었다.

그는 결코 공로를 자신의 것으로 돌리지 않았지만 언제나 자신의 방식으로 그 공을 얻어냈다. 그는 전 조직에 걸쳐 만만찮은 일군의 동지들을 구축했다. 헛똑똑이들은 자신의 지식으로 사람들을 무찔러 복종을 받아 내려고 한다. 프란시스는 단지 지적으로 영리한 것만이 아니라, 그의 아이디어가 곧 우리 모두의 아이디어라고 생각하게 만드는 영리함까지 가지고 있었다. 누구도 자신의 아이디어와는 대적하지 않는 법이다.

파워 있는 언어로 말하라

당신의 언어에 유의하라. 우선 당신이 얼마나 말하고 있는지 세어보라. 사람들의 말을 잘 듣고 있으면 그들이 일반적으로 다음의 셋 중 하나 정도는 실수하고 있다는 것을 알게 될 것이다.

- 과장된 언어
- 긍정의 언어
- 부정의 언어

파워 있는 언어는 긍정적이다. 각각의 세 가지를 훑어보면 그 이유를 알게 될 것이다.

과장된 언어

우리는 과대 광고의 시대에 살고 있다. 성공한 CEO들은 초신성처럼 광고되고, 신문들은 별것 아닌 후퇴나 전진을 엄청난 재앙이나 대단한 돌파구라고 해석한다. 이처럼 비즈니스의 언어 안에는 과장이 스며 있다. 모든 것이 전략인 시대이다. 전략은 주요 경쟁사를 대하는 것에서부터 본사의 내부 디자인을 바꾸는 것까지 모든 일에 적용된다. 과장은 파워의 언어를 오용하고 과대 사용한다. 모든 비즈니스와 산업은 그들 자신이 선호하는 과장된 단어들을 가지고 있다. 일상적으로 잘못 사용되고 있는 전형적인 예는 다음과 같다.

전략, 중요성, 변형, 돌파구, 긴급, 중요한 임무, 혁명적인, 패러다임, 세계의 계급, 탁월함

이와 같은 단어들은 최신 트렌드에 맞추어 다른 단어와 결합하기도 한다.

6시그마, 리엔지니어링, 핵심 역량, 전략적 의도, 가치 혁신, 코 – 크리에이션

경영자들이 하는 말을 모방하여 파워와 트렌드에 맞는 단어를

사용하는 것이 완벽한 프레젠테이션의 방법이다. 대부분의 사람들은 과장을 하면 깊은 인상을 줄 수 있다고 생각하지만, 의심 많은 사람들에게는 어떤 인상도 남기지 못하는 경우가 많다. 어떤 사람들은 많이 팔기 위해 과장함으로써 오히려 메시지의 가치를 절하시키며 신용을 잃는다. 진실을 말해도 아무도 믿지 않게 되는 것이다.

강한 인상을 주기 위해 말을 아끼는 것도 필요하다. 모든 것이 긴급하고 중요하다고 말한다면, 어느 것도 긴급하고 중요하지 않은 것이 된다. 그렇게 이야기하지 않는다면 사람들은 당신의 말을 믿을 것이다.

긍정의 언어

긍정의 언어는 자신감과 확실함을 투영한다. 조직의 어느 부서든지 항상 모호함과 불확실함이 존재한다. 그렇기 때문에 이 긍정의 언어는 매우 가치 있고 쓸모 있다. 몇 가지 예를 들어보겠다.

■ "~할 것입니다" vs "~하게 될 것입니다"

"~할 것입니다"는 긍정어이다. "하게 될 것입니다"는 "할 수 있을 겁니다"나 "아마도"와 같이 모호하고 미심쩍게 들린다. 파워는 불확실한 존재 위에서는 생겨나지 않는다. 당신은 자신감을 가지고, 이를 보여줄 수 있는 언어를 사용해야 한다.

■ **"반드시 지원이 필요합니다"** vs **"만약 지원을 해주신다면"**
"만약 ~한다면"은 모호하게 들릴 뿐 아니라 실패를 대비한 변
명을 미리 준비하는 것처럼 들린다. "~가 필요하다"는 행동
에 착수하고, 결과에 책임을 진다는 말로 해석된다. "~가 필
요하다"는 모험과 문제점을 긍정적이고 깔끔하게 처리하는 방
식이다.

■ **"~한 사실을 발견했습니다"** vs **"미래 성공 가능성을 철저
히 조사한 결과 ~한 사실이 확인되었습니다"**
긍정의 언어는 짧고 명료하고 또렷하다. "~가 되었습니다"라
는 수동형의 문장은 피해야 한다. 말과 글은 단순해야 명쾌하
게 이해시킬 수 있다.

당연한 것이겠지만 긍정의 언어라고 해도 너무 긍정적인 측면
만을 강조한다거나 성급하게 단언하며 약속한다면 그 말의 신뢰
도는 떨어지게 된다. 미래에 놀라운 결과를 드리겠다고 하는 약
속보다 실현 가능성에 대해 간단하더라도 단계별 실행 방안을 언
급하는 것이 좋다.

부정적으로 반응하는 것은 책임을 회피할 수 있는 좋은 방법이다. 또한 파워를 피해가는 좋은 방법이기도 하다. 책임질 것이 없다는 것은 곧 파워가 없다는 말이기 때문이다.

도전을 하려면 부정적인 생각은 금물이다. 도전에는 당신이 부정적이거나 수동적인 태도를 취하지 않더라도 이미 충분히 많은 문제점이 내재되어 있다. 도움과 해결책이 필요한 것이다. 그런데 당신의 부정적인 반응은 조직의 나머지 사람들의 사기를 저하시킬 수도 있다. 직접적으로 부정적인 말들도 있지만, 그보다 더 위험하게 작용하는 질문들도 있다.

- 우리는 ~할 수 없습니다.
- 가능하지 않습니다.
- 그것을 확신하십니까?
- ~를 생각해보신 적이 있나요?
- 아슬아슬하네요.

부정어의 최고봉은 "하지만"이다.

- 나도 당신의 의견에 동의합니다. 하지만~
- 당신은 정말로 잘 해냈어요. 하지만~

■ 그렇게 되겠지요. 하지만~

"하지만" 앞의 말은 반박을 위한 포석일 뿐, 그들이 실제로 말하고자 하는 것이 아니다. "하지만" 뒤의 말이 진짜 그들이 말하고자 하는 것이다.

파워 있는 행동으로
파트너십을 구축하라

당신이 사원처럼 행동하면 당신은 사원 대접을 받을 것이다. 당신이 관리자처럼 행동한다면 당신의 행동은 조금 더 진지하게 받아들여질 것이다.

많은 회사에서 상사와 부하 직원들은 부모와 자녀라는 대본 안에 발을 담그고 있다. 어떤 상사들은 좋은 부모처럼 부하 직원들에게 도움을 주고, 지지를 보내고, 잘 양육한다. 반면 나쁜 부모처럼 소리를 지르고, 지시만 내리고, 학대하는 상사들도 있다. 어떤 방식이든 이 관계는 모두 일방통행적이다. 이는 피할 수 없다. 아무리 민주적인 회사라 해도 보너스와 승진 시즌에는 특히 이러한 계급주의가 극명하게 드러난다.

그러나 항상 부모와 자녀의 관계를 유지해야 하는 것은 아니다. 파워를 구축하고 보여주고 싶다면 어른이 되어 부모의 속박에서 벗어나면 된다. 즉, 중역들과 파트너십을 구축하면 된다. 일단 당신을 대등한 입장에서 대우하게 된다면, 당신은 그들과 동등한 입장이 될 가능성이 크다. 동등하게 대우받고 싶다면 몇 가지 기초적인 행동을 바꾸어야 한다.

첫째, 당신의 의제를 주장하기보다 그들의 의제에 초점을 맞춰라.

파워 있는 사람들이 자신들만의 의제를 만드는 방식과 그것을 바라보는 방식을 이해해야 한다. 그래야만 당신은 자신이 가진 것을 주장하고 제시하는 아랫사람이 아닌, 그들의 의제를 진행시키는 데 도움을 주고 그들과 함께 일하는 파트너가 될 수 있다. 이를 위해서는 그들의 의제를 이해하는 데 시간을 들여야 한다. 당신에게 조언을 해줄 수 있는 멘토나 코치의 네트워크를 구축할 필요가 있다.

둘째, 이제 파워포인트를 버려라.

파워포인트 프레젠테이션은 팔짱을 끼고 앉아 당신을 평가하는 상사들 앞에서 당신의 주장을 항변하는 것이다. 즉 프레젠테이션을 하는 한 당신은 아랫사람의 역할에서 벗어날 수 없다. 이

때 그들은 당신과 동등한 입장이 아니라 당신을 평가하는 윗사람일 뿐이다. 공식적인 큰 프레젠테이션 대신에 중심 파워를 가진 인물들에게 당신의 아이디어를 개인적으로 설명하고 설득하라. 그들의 도움을 구하지 말고, 조언을 구하라. 조언을 구하는 것은 어쨌든 그들의 지지를 받는 것이다. 조용히 그들의 평가를 받는 입장에서 그들의 파트너로 역할을 바꾸는 것이다. 이것이 파워 있는 자리를 점거하는 것보다 훨씬 파워풀하다.

셋째, 파워포인트에 의지할 수밖에 없다면, 가능한 한 짧게 하라.

'10-20-30 법칙'을 사용하라. 10페이지를 넘지 말고, 최소한 20포인트 크기의 서체를 사용하고, 최대 30분을 넘지 마라. 한 페이지에 너무 많은 단어를 구겨 넣는 일을 피하라. 간결해야 중요한 것에 집중할 수 있다. 당신에게는 자세히 설명해주고 싶은 것들이 많이 있을 것이다. 그러나 그것들은 뒷주머니에 그대로 넣어두라. 중역들은 세부 설명은 듣지 않는다. 그들을 설득하고 싶다면 그들을 지루하게 해서 좋을 것이 없다.

넷째, 메모는 짧게 하라.

사람들이 진짜 주제에 집중하기를 원한다면 간결함이 최고의 미덕이다. P&G 사에서는 한 장짜리 기획서를 사용한다. 브랜드

팀 신입 사원은 2개월짜리 브랜드 사업 계획을 한 장으로 요약해야만 한다. 비즈니스를 진행할 때 필요한 모든 것들은 그 한 장 안에 요약되어야 한다. 그리고 대부분의 다른 것들도 마찬가지이다.

다섯째, 역할을 연기하라.
냉소적인 만년 중간 관리자로 남고 싶다면 얼빠진 행동을 하고 부정적인 입놀림을 하라.

파트너십의 원칙은 계급을 가로지르며 눈에 띄는 인상을 심어주는 것이다. 협상을 할 때 유능하게 보이는 것도 중요하다. 자기계발 강사들은 당신에게 "협상에서 이겨라" "판매 목표를 달성하라" "느낌표를 사용하라!"라고 말한다. 그러나 이것은 위험하다. 그들은 승리 아니면 패배라는 이분법적인 세상에 살고 있다. 당신의 협상 파트너를 패배시키고 승리를 얻겠다고 하는 말은 그 사람을 다시는 만나지 않고, 다시 협상할 일이 없을 때에만 괜찮다. 그러면 당신이 하고 싶은 만큼 그들에게 빡빡하게 굴어도 된다. 그러나 현실에서는 대부분의 시간을 당신이 거래해야 하는 사람들과 정기적이고 지속적으로 협상하는 데 사용한다. 그들을 파트너로 대해야 한다. 승자와 패자를 가리려 하지 말고 함께 승리하는 윈-윈 전략을 사용해야 한다.

윈-윈 전략은 쉽지 않다. 이해관계라는 외견상의 입장을 넘어서는 것이기 때문이다. 바이어들은 부품에 대해 낮은 가격을 원하는 것처럼 보이지만, 그들의 실제 관심은 영구히 최하의 원가로 완제품을 생산하는 것이다. 당신이 제공하는 부품의 총원가를 영구히 낮춘다면 아마도 그들은 그것에 대해 더 많은 대금을 지불할 것이다. 겉으로 보이는 합의점과 실제 원하는 것은 다르다. 물건을 밀어 넣는 대신에 바이어들이 실제로 무엇을 필요로 하는지 그 소리를 듣고 이해하라. 당신은 그들과 함께 일하고 있는 것이지, 반대편 테이블에서 전투를 하고 있는 것이 아니다.

결국, 파트너십이란 협력하는 것이지 경쟁하는 것이 아니다. 협력은 정치적으로 싸우지 않고 승리를 거머쥐는 방식이다.

10억 달러를 요청하는 방법

내가 개인 은행 사업을 시작하기로 결심했을 때이다. 대강 계산을 해보니 운영자금과 규정 위원회의 통과를 거치기 위해서는 약 10억 달러 정도가 필요했다. 은행 잔고를 확인해보니 최소한 9억 9천 9백만 달러가 모자랐다. 거리의 실직자인 내게 누군가 즉시 그 돈을 투자해주기란 어불성설이었다. 특히 내가 살고 있던 지역의 지방 은행 매니저가 경쟁자가 되어 자신을 밀어낼 사업을 구상하는 내게 대출을 해줄 리 만무했다.

나는 나의 네트워크를 이용하여 다양한 은행들과 만날 기회를 만들었다. 결국 몇몇 CEO들을 만났고 그들 중 한 곳과 이야기가 진행되어 잠시 미팅을 할 수 있었다. 나는 그의 사무실 소파에 불편하게 앉아 있었다. 하지만 그곳에는 우리 둘만 있었고, 나는 이것이 중요한 기회라는 것을 알았다. 그가 내게 물었다.

"얼마가 필요하시죠?"

"약 10억이요."

나는 가능한 한 무심한 척 대답했다.

"5년 정도 그 자본의 대부분은 성공 자금과 규제 자금으로 들어갈 겁니다."

"달러요? 파운드요?" 그는 내게 고개도 들지 않고 물었다.

"파운드요." 나는 전략적으로 몇백 달러 정도를 내 몫의 여분으로 남겨두자고 생각하면서 대답했다.

"좋아요." 그가 말했다. "만약 당신이 그 이하를 이야기했다면, 당신을 진지하지 않은 사람으로 생각하려 했소."

나는 그 순간, 그에게 실제로 기획안 쪼가리 하나 제시하지 않았다는 것을 깨달았다. 프레젠테이션도 없었고, 엑셀 계산 도표도 없었고, 심지어 간단한 메모조차 제시한 적이 없었다. 우리는 몇몇 세부 사항에 대한 아이디어를 간단히 이야기했을 뿐이다. 만약 내가 파워포인트 자료를 들고 들어갔더라면 나는 그의 하수인이 되고, 그들의 처분만을 기다려야 했을 것이다. 대신 나는 그와 동등한 파트너의 입장으로 앉아 있었고, 그는 나를 그렇게 대했다.

주요 원칙에 대해 합의한 후에 우리는 세부 계획을 만들었다. 나는 그때 비즈니스 플랜이란 것이 영국에서는 지적 자산 권리를 만들 수 있다는 것을 발견했다. 그것으로 그들은 자신들이 투자한 은행이 커짐으로써 막대한 이익을 보았고, 나는 귀중한 경험을 밑천으로 성공할 수 있었다.

When
기회를
포착하라

우리는 종종 회사 내에서 파워가 이동하는 모습을 볼 수 있다. 수년 간 힘들게 쌓아올린 것이 한순간의 어리석은 행동으로 무너지기도 한다. 하지만 위기는 리더가 될 수 있는 기회이기도 하다. 진상이 드러나는 순간은 예측할 수 없지만, 대비할 수는 있다. 결정적인 순간을 컨트롤할 수 있다면 그것은 기회가 된다.

예측하지 못한 문제가 발생하면 대부분의 사람들은 그저 안전한 조치가 취해질 때까지 기다린다. 이것이 불확실한 것에 대한 안전 지향적인 PQ를 지닌 사람들이 반응하는 방식이다. PQ가 높은 사람들은 다른 사람들이 따를 수 있는 안전 조치를 만들고 그것을 관리한다. 관리자들이 준비해야 하는 위기의 순간, 결정적인 순간에 어떻게 파워를 관리해야 하는지 이야기해보자.

- 선수 치고, 통제권을 잡아라
- 파워를 만드는 회의를 하라
- 파워 프레젠테이션을 준비하라
- 설득에 필요한 논리적 흐름을 기억하라
- 저항과 반대를 극복하는 법
- 거절의 기술을 배워라
- 위기는 피하지 말고, 관리하라
- 고슴도치 다루기

선수 치고, 통제권을 잡아라

어떤 회사든지 불확실함과 위험, 모호성이라는 위기의 순간이 있기 마련이다. 누구도 무슨 일을 해야 할지 확신하지 못한다. 대부분의 사람들은 옆줄로 물러나 앉아 안전한 조치가 취해질 때까지 기다린다. 다수와 함께 움직이는 것은 언제나 안전하다. 당신이 잘못을 했다 하더라도, 다른 사람들도 다 함께 저지른 잘못이 되기 때문이다. 생존이란 다수를 따르는 것이다. 그러나 성공은 그들을 리드하는 것이다. PQ가 높은 관리자들은 모호함이라는 위험과 기회가 클수록, 그 위험을 계산하고, 빨리 치고 들어가야 한다는 것을 알고 있다. 모호함이 사라지고 나면 기회는 모두의 것이 되는 법이다.

기회로 활용할 수 있는 모호함이란 다음과 같다.

- 이것이 신상품이나 새 프로젝트, 새로운 아이디어에 관한 것인가? 누가 그 아래서 일하게 될 것인가?
- 이 위기에 우리가 어떻게 대응할 수 있을까?
- 누가 이 혼란을 기능별/부서별/비즈니스별로 분류해낼 수 있을까?
- 연간 스케줄 외에 갑자기 끼어든 회의는 어떻게 해야 할까? 누가 이것을 이끌 것인가?

결정적인 순간은 종종 회의의 방향과 다른 발언이나 비공식적인 행동 속에서 찾아온다. 회의 석상에서 잠깐 논의된 것일 수 있다는 것이다. 눈을 찡긋하며 지원하는 순간 그는 첫 번째 주자가 된다. 그리고 곧 그 계획에 착수할 리더가 된다. 그러나 공식 발표가 난 후라면 1~2주 안에 다른 사람들은 그 자리를 놓고 경합하게 될 것이고, 누가 팀을 맡고 누가 빠질지에 대해 논쟁하기 시작할 것이다. 선수를 친다면 당신은 정치적인 내부 싸움을 겪지 않고 가장 파워 있는 자리를 쟁취할 수 있는 것이다.

이러한 순간들은 언제나 예측하기 힘들다. 그러나 당신의 네트워크가 당신에게 이러한 기회들에 대해 미리 예고해줄 것이다. 그러므로 항상 준비하고 있어라. 준비란 언제나 "어떻게 하면 내가 이 상황에 참여할 수 있을까?"라고 긍정적인 마음가짐을 하고 있는 것이다. "어떻게 하면 이 상황에서 더 많은 일, 위험, 문제들을 피해갈 수 있을까?"라고 생각하면 당신은 언제나 그렇고 그런 방관자가 될 뿐이다.

선수 치고, 통제권을 잡아라 : 세 가지 이야기

자선적이지 않은 행동

자선단체를 막 시작했을 때였다. 한 친절한 비즈니스맨이 자선 위원회와 법률가들과 함께 하는 잡다한 행정 업무를 모두 하겠다고 자원했다. 우리는 그에게 그 일을 맡겼다. 그는 스스로를 위원장으로, 그의 친구들을 위원회로 임명했다. 5년 후에 그와 그의 부하들은 그 자선단체에 어떤 도움도 주지 못하고 여전히 위원장과 위원들을 뽑고 있었다. 만약 그들이 그 안건에 대해 제대로 된 역할을 수행하고 있었다면 그들은 모든 것을 관리할 수 있었을 것이다.

골자를 이용하다

그 비즈니스 프로젝트팀은 곤경에 빠져 있었다. 관리부서는 그들이 하고 있는 계약들을 분류하는 데 막대한 노력을 들였고, 클라이언트에게 안정적인 지원을 받기 위해 현재 진행 중인 프로젝트를 되짚어 보았다. 본사의 재정부서에 있는 많은 사람들이 시간을 쏟은 결과, 결국 연말이 끝나갈 무렵, 팀에 문제를 불러일으킨 사람들은 소탕되었다. 동료들은 그들을 비난했고, 그들은 즉시 시궁창 속에 빠졌다. 3개월 후에 기획사가 그 프로젝트를 관리하게 되었다. 관리자는 정확히 프로젝트의 골자가 무엇인지, 무엇을 감축하고, 어디에 투자를 해야 하는지 알아냈다. 그리하여 장황하게 늘어져 있던 행정 업무들을 비즈니스의 핵심으로 직접 연결시켰다.

펜의 힘

젊은 정치 연구원인 나는 그 당을 위한 새로운 산업과 정치적 현안들을 이끌어내는 유명 비즈니스맨들과 정치가들로 가득 찬 방 안에 내가 있다는 것을 알았다. 그들은 모두 선지안을 가지고 있었고, 그들이 하는 말은 모두 중요한 것들이었다. 하지만 나는 그들의 말을 전혀 알아듣지 못했다. 그래서 나는 의회록에 기록된 것과 다음 회의를 위해 그 논쟁의 밑그림을 그려놓은 것을 보고 그대로 말했다. 우연히 나는 컨트롤할 기회를 잡은 것이다. 다음 회의는 내 의견서를 토대로 진행되었다. 그 초안에는 각 계급들이 한마디씩 발언을 한 것이 반영되었고, 그들은 만족해했다. 그 외의 다른 발언들은 취소되었다. 나는 그 방에서 단 한 명의 중립적인 인간이었다. 사견 없는 단순한 기록자였기 때문이다. 나의 산업적, 정치적 정책은 당연히 사라졌고, 그 당은 당연히 내부 분열을 겪게 되었다.

파워를 만드는 회의를 하라

어떤 이들에게 회의는 실제 업무의 멋진 대안이다. 반면 어떤 이들에게는 회의란 파워를 만들거나 파괴하는 대사건이다. 프랑스의 상급 공무원인 피에르 프랑수아(Fierre Francois)는 "회의란 다른 부서의 의제를 파괴시킬 수 있는 멋진 기회다"라고 말했다.

다음 번 회의에 참석할 때 피에르 프랑수아의 시각을 가지고 한번 들어가 보라. 만약 당신의 구미에 맞는 결정이 내려지기를 기대하고 회의에 간다면, 실망할 준비를 먼저 하고 가라. 회의란 결코 어떤 결론을 내리기 위해서 열리는 게 아니다. 그렇지만 회의는 당신이 개인적으로 접촉해서 동의를 얻어낸 사항에 대해 테이블에 앉아 있는 주요 인사들의 공식적인 승인을 얻는 방식으로는 매우 유용하다.

일본에서는 이를 '네마와시(根回し)'라고 부른다. 회의가 시작되기 전에 미리 여론을 조성하고 합의를 이끌어내는 것이다. 심지어 당신 반대편에 있는 사람이 단 한 사람이라고 해도 네마와시의 절차를 수행해야 한다. 대다수의 사람들이 당신을 지지하고 있다는 사실을 다시 한 번 확인하고, 당신의 반대편이 바라보는 것이 무엇인지, 그것을 어떻게 다루려고 하는지에 대해 알고 있어야 한다. 이기기 위한 모든 준비를 해놓아야 하는 것이다.

정치적인 관점에서, 성공적인 회의는 다음의 세 가지 요소를 가지고 있다.

당신의 의제를 컨트롤하라

만약 당신이 회의의 의장을 맡게 된다면, 당신의 의지대로 이끌어라. 회의가 다른 쪽으로 끌려가거나 난파당하지 않게 하라. 이것은 당신의 무능력을 보여주는 증거이니 말이다. 회의의 참가자들을 통제하고, 주제가 다른 곳으로 엇나가지 않게 유지하며, 시간을 준수함으로써 당신은 존경을 얻어낼 수 있다. 그리고 회의 결과를 행동으로 이끌어낸다면 더 많은 존경을 얻을 수 있다. 각각의 의제가 해결될 수 있음을 보여주라.

그러나 당신이 의장직을 맡고 있지 않을 때가 대부분일 것이다. 그렇다 해도 당신의 의제를 컨트롤할 수 있어야 한다. 회의에 참석하러 갈 때 당신이 그 회의에서 얻고자 하는 것이 무엇인지 명확히 규정하고 있어야 한다. 당신 스스로 그 회의에서 얻어야 할 것이 무엇인지조차 확신하지 못한다면, 아무것도 얻을 수 없다. 단지 회의에 얼굴만 내비치는 사람들 중 하나가 되지 마라. 참석을 하기 위해 겨우 얼굴만 내민다거나 반쯤만 정리된 안건을 들고 가지 마라. 그저 지지만 하는 사람으로 남지 마라. 당신은 엑스트라로 인식될 것이다. 잘해봐야 주연 배우의 측근이나 짐꾼이 될 뿐이다. 이는 파워로 가는 통로가 아니다.

의장이 아니더라도 앞서 말한 것들 중 나머지 두 요소를 갖추고 있다면 당신은 그 회의에서 당신의 의제를 발의할 수 있다.

공헌하라

다음 번에 전체 회의에 참석하게 된다면, 대화가 어떻게 흘러가는지 잘 관찰해보라. 많은 회의에서 논쟁은 의장이 개입한 일련의 대화들로 형성된다. 그리고 사람들은 대부분 주제에 대해 입을 다물고 있을 것이다. 이것이 일반적인 회의의 기본 규칙이다. 이른바 '세력권의 규칙'이라는 것이다.

세력권의 규칙이란 다른 사람의 영토를 존중해주는 것이다. 즉, 당신이 나의 영토(의제)를 침해하지 않는다면 나도 당신의 영토(의제)를 침해하지 않겠다는 것이다. 이 규칙이 깨지는 순간, 희생자와 가해자가 생기고, 희생자는 또 다른 가해자가 되고 만다.

세력권의 규칙은 당신이 개입할 곳이 어디인가에 대해 조심스럽게 숙고해야 한다는 것이다. 진심에서 우러난 열린 질문이 누군가에겐 파괴적인 공격으로 해석될 수도 있다. 어떤 의제가 이루어지도록 하고 싶다면 당신의 영역과 관련 있는 안건에 한해서만 공헌하라. 회의는 당신이 사전에 의장이나 다른 주요 인사들과 합의한 사항에 대한 공식적인 승인을 얻어내는 장소라고 생각하면 된다.

상사에게 오점을 남기기는 쉽다. 추장인 존(John)은 완전하게 성장을 갖춰 입었다. 그는 자신의 키를 3미터쯤으로 보이게 하는 멋진 새 깃털을 머리에 꼽고 있었다. 나는 파푸아뉴기니의 원시부족사회의 추장으로 있는 것이 그에게 의미하는 것이 무엇인지에 대해 인터뷰했다. 그리고 그의 부족에 가장 중요한 것이 무엇인지 물었다. 한치의 주저함도 없이 그는 말했다.
"우리의 영토요. 세력도, 음식도, 마을도 아니오. 영토가 전부요."
나는 그에게 그의 영역 중 1평방미터만 나에게 할당해줄 수 있느냐고 묻는 실수를 저지르고 말았다. 추장 존은 창을 부여잡고 내게 눈을 고정했다.

"내가 당신을 죽인 후에."
그게 전부였다. 나는 재빨리 화제를 돌렸다.
만약 회의에서 누군가가 당신의 영역을 침범한다면 강력하게 당신의
영역을 방어하라. 그러면 그들은 조금 더 쉬워 보이는 목표물로 방향
을 바꿀 것이다.

동지를 만들라

회의에서 가장 중요한 부분은 공식 회의의 언저리에서 일어난
다. 회의 사이의 잠깐의 휴식 시간이랄지, 회의가 막 끝난 직후에
일어날 수 있다는 것이다. 이때가 평소에 만나기 어려운 누군가를
만나거나 마지막 순간에 다루지 못한 이슈나 문제점에 대해 말할
최상의 시점이다. 이러한 비공식적인 만남들을 준비하고 있어야
한다. 커피를 마시는 동안 모든 것이 해결되기를 기대하지 마라.
골프 같은 사활이 걸린 주제에 대해 누군가가 말하고 싶어 끼어들
수도 있다. 그러나 최소한 당신의 의제에 동의하는 사람들을 모을
수도 있고, 나중에 따로 만날 약속을 잡을 수도 있다. 이것만으로
도 당신의 안건을 컨트롤하고 가속화시키기에 충분하다.

이처럼 비공식적인 만남은 동지를 규합하고 정보를 얻을 수 있
는 기회가 되기도 한다. 아첨은 집어치우고 다른 사람들에 대해
교양 있게 말할 준비를 하라. 그리고 그들의 영역에서 지금 무슨

일이 일어나고 있는지 물어라. 당신과 관련된 말로 시간의 대부분을 보내지 마라. 가끔은 진짜 귀중한 정보를 얻을 수도 있다. 다시 한 번 말하지만 커피를 마시는 동안 모든 것을 얻고자 하지 마라. 단순히 당신의 관심사를 알려주고, 다음 번에 개인적으로 만날 약속을 얻어내라.

파워 프레젠테이션을 준비하라

프레젠테이션은 당신을 승진시켜줄 수도, 당신의 위치를 위협할 수도 있다. 사람들 역시 이 사실을 잘 알고 있다. 그래서 프레젠테이션이 주는 압력은 사람들 앞에서 제대로 실력 발휘를 못하게 한다. 프레젠테이션을 잘하는 데 어떤 대단한 비법이 있는 것은 아니다. 당신 역시 어떤 것이 좋은 프레젠테이션이며, 그것을 어떻게 준비해야 하는지 이미 알고 있을 것이다. 프레젠테이션에서 당신의 진실한 잠재 능력을 끌어내고 싶은가?

효과적인 프레젠테이션은 좋은 스타일과 좋은 내용이 혼합되어야 한다. 두 가지 모두 준비하라.

프레젠테이션 스타일

프레젠테이션을 잘하기 위해서 위대한 웅변가가 될 필요는 없다. 당신에게는 이미 좋은 프레젠테이션을 할 자질이 충분히 있다. 다만 깨닫지 못하고 있을 뿐이다. 당신 안에 내재된 프레젠테이션 능력을 발견하기 위해 다음의 사항을 연습해보자.

- 동료들 앞에서 비용할당 시스템에 대해 프레젠테이션을 해보라. 당신이 졸지만 않는다면 성공할 수 있다.
- 당신이 작년에 참여했던 가장 흥미로운 사건(단, 합법적이고 점잖은)에 대해 이야기해보라.

이런 이야기를 하는 것이 당신을 정말 흥분시킨다면 당신은 이미 성공적인 프레젠테이션의 중대한 3E 스타일을 받아들일 준비가 되어 있는 것이다.

3E란 에너지(Energy), 열정(Enthusiasm), 흥미(Excitement)를 뜻한다. 이 3E는 다른 사람들에게 전파되기 쉽다. 당신이 어떤 주제에 대해 에너지가 넘치고, 열정적이고, 흥미롭게 이야기한다면, 다른 사람들도 그 주제에 에너지를 몰입하고, 열정과 흥미를 느끼게 될 것이다. 반대로 에너지를 몰입하지 않고, 열정도 없고, 흥미도 없이 이야기한다면 당신의 편마저도 그 주제에 대해 관심을 보이지 않을 것이다.

자, 이제 당신의 비용할당 시스템에 대해 프레젠테이션하는 것
으로 돌아가 보자. 어떻게 하면 그 주제에 대해 다른 사람들에게
3E를 보여줄 수 있을 것인가? 이 수수께끼를 풀기 위해 먼저 프레
젠테이션의 실질적인 내용을 알아보자.

프레젠테이션의 내용을 구성하는 방법

프레젠테이션을 준비하기 전에, 다음의 간단한 질문 세 가지에
답해보라.

첫째, 이것에 대해 누가 알고 싶어할까?

만약 당신이 50명의 사람들 앞에서 이 프레젠테이션을 한다면,
다른 시각과 흥미를 가진 사람들에게는 고역스러운 경험이 될 것
이다. 수많은 아이디어들을 30분짜리 프레젠테이션 하나로 묶어
라. 결코 완벽하게 다루려고 하지 마라. 명확하고 사람의 시선을
끄는 메시지로 주제를 구축해야 한다. 단순화하라. 당신의 프레
젠테이션을 듣는 사람이 한두 명뿐이라고 생각하고 그들에게 집
중하라.

둘째, 그들이 왜 이것에 대해 알고 싶어할까?

여기에 대한 대답을 할 수 있다면 프레젠테이션의 초점을 맞출

수 있고, 당신이 전달하고자 하는 메시지를 한두 개로 명확하게 규정해낼 수 있으며, 일관성 있는 주제를 세울 수 있을 것이다. 당신이 타깃으로 삼고 있는 사람들은 그 주제와 큰 관련이 있다. 그러나 프레젠테이션의 명확성과 목적을 분명하게 보여주어 나머지 관객들까지도 지루하지 않게 해야 한다.

셋째, 이 프레젠테이션이 끝날 무렵 당신이 얻고자 하는 것은 무엇인가?

프레젠테이션이 끝날 때 달라져야 할 것이 무엇인지에 대해 명확히 규정하라. 이것이 명확성과 초점을 맞추는 데 도움이 될 것이다.

명확성과 초점이 만들어졌다면, 이를 준비하면서 어디론가 사라져버린 방대한 양의 세부 사항들을 알아내야 한다. 프레젠테이션의 10-20-30 규칙을 적용하여 위치에 맞게 배치하라.

- **10개 이상의 슬라이드를 사용하지 마라.** 이것이 당신이 이야기하는 데 필요한 모든 것이다. 정 300개의 슬라이드를 사용하고 싶다는 유혹에 시달린다면 그것은 부록에 넣어라.
- **최소한 20포인트 이상의 서체를 사용하라.** 슬라이드에 텍스트를 빼곡히 채워 넣지 마라. 관객들은 당신이 말하는 것보다

빨리 그 슬라이드를 읽을 것이다. 단순한 슬라이드가 당신을 영리해 보이게 할 것이다. 반대로 하지 마라. 단순한 슬라이드가 당신의 탐구와 시각을 활기차게 해줄 것이다.

- **최대 30분 이상 말하지 마라.** 한 가지의 주제를 30분 안에 다 담아낸다는 것은 매우 어렵다. 하지만 그 이상 이야기를 한다면 모두들 나가떨어지게 될 것이다. 모든 것이 가속화되는 속도의 세계에서 거의 모든 관리자들은 주의력결핍이라는 장애를 가지고 있다. 본성에 대항하려 하지 마라.

당신은 이제 간단한 이야기를 준비할 수 있게 되었다. 대부분의 사람들은 당신의 비용할당 시스템의 세부적인 사항까지는 알고 싶어하지 않지만, 이야기는 듣고 싶어한다. 좋은 이야기는 다음의 세 가지 요소를 포함한다.

- 시작 : 오늘 우리가 만들어낸 비용할당 시스템은 문제가 될 수도 있고, 기회가 될 수도 있는 하나의 도전입니다.
- 중간 : 이는 하나의 여행입니다. 우리는 이룩하고자 하는 것을 얻기 위해 이제 배에 타려 합니다.
- 끝 : 이것이 여행이 끝나고도 우리가 더 나아가고자 하는 이유입니다.

이야기를 시작한 뒤에 바로 목적지(결과)에 대해 언급하는 것은 당신의 이야기를 독창적으로 보이게 한다. 따라서 관객들은 당신의 여행을 이해하기 위해 문맥에 집중할 것이다. 한번이라도 타깃에 맞는 사람들에게 단순하고 설득력 있는 이야기를 전달할 수 있게 되면 당신은 더 이상 사소한 부분에 집착해 주제에서 벗어나는 일은 없게 된다. 그리고 당신의 프레젠테이션에 대해 자신감을 가지게 될 것이고, 열정, 흥미, 에너지가 상승할 것이다. 당신의 스타일과 프레젠테이션의 내용은 동료들과 당신을 차별화해 줄 것이다.

분명, 대단한 프레젠테이션을 할 수 있는 수많은 조언과 기술들은 존재한다. 그러나 가장 중요한 것은 역시 연습이다. 모든 프레젠테이션을 미리 준비하고 연습하라. 누군가를 소개해주는 2분짜리 프레젠테이션이라 하더라도 당신에게 하나의 기회가 될 수 있다. 올바른 단어와 적절한 톤과 매너를 연습하라. 연습도 하나의 프레젠테이션이다. 당신이 하는 연습들이 많아질수록 당신은 더 나아질 것이다. 그리고 이 모든 시간이 당신을 가르쳐주고 향상시켜줄 것이다.

설득에 필요한
논리적 흐름을 기억하라

정치적 기술의 본질은 다른 사람들을 통해 어떤 일이 일어나게 하는 것이다. 그러기 위해서는 다른 사람들을 설득해야 하고, 당신의 아이디어와 당신이 가진 의제를 다른 사람들에게 팔아야 한다. 작은 권한을 가진 중간 관리자라면 이 파급력과 영향력을 미칠 수 있는 기술을 익히는 것은 생존과 성공에 필수적이다. 높은 자리로 올라갈수록 당신의 파급력을 미쳐야 하는 사람들은 더 많아진다. 스스로 직접 실행하는 일은 점점 줄어들고, 동료나 클라이언트, 이해관계를 가진 사람들에게 그 일을 하게 하거나, 동의를 구하기 위해 설득해야 할 시간이 길어진다.

세일즈맨에 대해 생각할 때 사람들은 닫히려는 현관문에 발을 끼워넣고 운 나쁘게 그들에게 걸린 집주인들에게 백과사전을 사라고 하거나 신을 믿으라고 말하는 이들을 떠올린다. 이는 경영진들에게 적합한 성공적인 판매 기술이 아니다. 세일즈에서는 교묘함과 세심함이 요구된다. 이상적인 세일즈 기술은 그들에게 당신이 무언가를 팔고 있다는 생각이 들지 않게 하는 것이다. 당신은 그들의 문제를 해결해줄 수 있고, 도움을 줄 수 있다는 인상을 만들어내야 한다. 그들의 파트너처럼 보여야지, 세일즈맨처럼 보여서는 안 된다. 승자 아니면 패자라는 태도에서 벗어나 '윈-윈'이라는 사고방식을 가져야 한다. 이를 위해 그들의 시야에서 세상을 파악할 필요가 있다.

저녁에 외식하러 나가자고 말하는 사소한 몇 초짜리 대화에서부터 정부에 해군 함대 한 척을 파는 1년짜리 협상에 이르기까지 모든 설득하는 대화에는 논리적인 흐름이 있다. 회의의 논리 흐름은 어떤 상황에서든 동일하다. 이 논리의 흐름을 잘 기억하여 동의를 구하거나 설득하고자 하는 모든 상황에 적용시켜라.

대화의 흐름은 다음과 같다.

1. 문제(기회)에 동의하기
2. 문제(기회)를 다루는 것에 따른 이익에 동의하기
3. 아이디어 제안하기
4. 아이디어가 어떻게 진행되는지 설명하기

5. 미리 문제점을 제기하기

6. 이익을 강화하기

7. 결론짓기

이 일곱 단계가 너무 많아서 기억하기 어렵다면 일단 세 가지 먼저 시작해보자.

1. 문제(기회)에 동의하고, 왜 동의하는지 이야기하기

2. 해결책과 그것이 어떻게 작용할지 제시하기

3. 결론짓기

이 논리의 흐름을 따르려면, 두 귀를 가지고 한 개의 무거운 입으로 말해야 한다는 것을 기억하라. 당신이 말한 것의 두 배로 귀를 기울여라. 물건을 판매하는 것과 영향력을 행사하는 것은 단순히 세일즈맨이 판매를 위해 늘어놓는 말을 배우는 것과는 다르다. 납득이 가는 말을 하라는 것이다.

이 논리의 흐름은 양측이 모두 가치 있는 대화를 할 준비가 되었다는 상호 존중과 신뢰가 구축되었다는 것을 가정한다. 당신이 이 단계에 도달하지 못했다면 앞으로 돌아가서 관계와 신뢰의 구축을 먼저 수행하라.

1. 문제/기회에 동의하기 : 이해관계 vs 입장

먼저 당신이 문제를 가지고 있다는 것을 인지해야 한다. 당신과 이야기하는 상대가 당신과 유사한 문제를 겪고 있는지 아닌지는 알 수 없다. 그러나 확실한 것은 그들은 당신보다 더 중요한 다른 수많은 문제들을 겪고 있다는 것이다. 이 말은 즉, '당신의 문제'에서 대화를 시작해서는 안 된다는 뜻이다. 바로 '그들의 문제'에서 시작해야 한다. 그들의 눈으로 세상을 보라. 상대방의 말을 잘 경청하라. 당신의 이야기만 하다 보면 결코 그들의 마음속에 있는 것을 발견할 수 없을 것이다. 그들이 이야기하게 하라. 그리고 그들의 입장에서 듣기만 하는 것이 아니라 그들의 실제 이해관계가 무엇인지까지 관심을 기울여라. 이 두 가지 사이에는 차이가 있다. 말로 표현된 입장과 실제 이해관계는 완전히 다를 수도 있다. 표 4-1을 보라.

[표 4-1] 표현된 입장과 실제 관심

표현된 입장	암시된 이해관계	상대에 관한 응답	이해관계에 대한 가능한 응답
당신의 예산을 삭감한다.	전체 이익을 증진시킨다.	당신의 마케팅 지출비용을 삭감하겠다.	수익을 성장시킨다. 마케팅 비용을 증가시킨다.
공급자의 부품가격을 내린다.	전체 생산 비용을 줄인다.	공급자와 가격 협상을 하겠다.	총생산 비용을 낮추려고 안정적인 부품 생산을 위해 공급자와 함께 일한다.
모든 신상품은 먼저 시장에서의 테스트를 거쳐야 한다.	시장 위험을 줄이기 : 상품, 유통경로, 소비자, 경쟁사	모든 신상품에 관한 아이디어를 테스트하고 실험(파일럿) 상품을 만들어 내보내 보겠다.	좋은 아이디어가 있다면 경쟁자가 시장에 먼저 진입할 위험을 방지하기 위해 리서치를 한 후 직접 상품을 출하하겠다.

2. 문제/기회를 다루는 것에 따른 이익에 동의하기

다시 한번 말하지만, 여기에 있는 요령은 다른 사람들의 사고 방식에서 이익을 발견하고 그를 구체화하는 것이다. 아직 결론을 내지 못하고 있는 그들의 머릿속에서부터 출발하라. 즉, '그들에게는 어떤 것이 이익일까?'라고 생각하고 협상에 들어가라.

사람들을 설득하는 데 소요할 시간과 노력의 70퍼센트는 1단계와 2단계에 사용해야 한다. 일단 문제를 해결함으로써 얻을 이익에 동의를 받았다면, 대화의 나머지 단계들은 급속하게 진전될 것이다. 확고한 동의를 얻기 전까지 움직이지 마라.

3. 아이디어 제안하기

대화의 단계 중 가장 빨리 넘어가야 하는 부분이다. 한 문장으로 말하라. 그들이 걱정을 하고 있는 것처럼 보인다면, 다시 처음으로 돌아가라. 당신이 1, 2단계의 동의를 구하지 못한 것이니까 말이다. 그들이 완전히 동의했고, 앞으로 나아가고 싶어한다면, 대화의 나머지 부분은 그냥 넘어가고 바로 결론을 맺을 수도 있다. 이미 사고 싶어한 사람에게 파는 걸로 끝난다면 당신은 당신의 아이디어를 팔지 못한 것이다.

4. 아이디어가 어떻게 진행되는지 설명하기

너무 세부적인 것까지 말하지 마라. 지금 이야기하는 사람과 관계 있는 아이디어에만 초점을 맞춰라. 이렇게 해야 다음의 두 단계를 진행시킬 수 있다. 미리 문제점을 제기하고 이익을 강화하라.

5. 미리 문제점을 제기하기

앞의 이야기를 잘 들었다면, 당신은 상대의 걱정거리, 즉 문제점이 무엇인지 알아냈을 것이다. 그들의 걱정거리와 관계된 논쟁은 하지 마라. 이 논쟁은 즉시 당신의 판매에 부정적인 영향을 미치고 비생산적인 결과를 가져오게 될 것이다. 그들의 문제점을 다루는 최고의 방법은 당신이 먼저 그 문제점을 제기하고(이는 당신이 그들의 말을 잘 경청하고 존중을 보여줌으로써 신뢰를 얻었을 때에만 가능하다), 그 후에 그 문제점을 처리해주는 것이다. 그 걱정거리들이 해결될 수 있음을 보여주라.

6. 이익을 강화하기

이 단계에 오기까지 상대방은 100퍼센트이든 50퍼센트이든 "YES"라고 말할 준비가 되어 있어야 한다. "YES"라고 말하게 되기까지 당신이 그들과 일찍이 합의했던 이익을 재빨리 강화하라. 이익을 다루면 결론이 부정적으로 맺어지기보다 긍정적으로 맺어질 가능성이 더 커진다.

이 과정 중 어떤 단계에서 심각한 반대에 부딪힌다고 해도, 논쟁을 벌이지지는 마라. 다시 처음으로 되돌아가서, 당신이 그 문제를 해결한 뒤에 얻을 수 있는 이익에 대해 합의했던 때를 되짚어보라. 상대가 당신에게 극복해야 할 문제나 이의를 제기하는 대신, 당신과 함께 문제를 해결하기로 했다면 당신은 기초를 제대로 쌓은 것이다.

7. 결론짓기

이것이 대화에서 가장 중요한 부분이고, 대반전이 일어날 수 있다는 것을 간과하기 쉬운 부분이기도 하다. 당신의 모든 업무는 아직 끝나지 않았다는 것을 명심하라. 사람은 상대의 마음을 읽을 수 없다. 당신은 그들에게 원하는 바를 말해주어야 한다. 그들과의 협정을 굳건히 하면서 대화를 맺어야 한다. 결론을 맺을 때 흔히 취하는 네 가지 방법이 있다.

- 직접 화법 : "이 컴퓨터를 사시겠습니까?" 위험하다. 이는 그들을 생각하게 하고, "No"라는 대답을 끌어낼 여지를 남겨준

다. 당신은 실패할 것이다.

- 대안 화법 : "데스크톱과 노트북 중에 어떤 것을 하시겠습니까?" 비열하지만 효과적인 방법이다. 당신은 그들이 "전 컴퓨터가 필요 없어요"라고 말할 여지를 거의 차단했다. 사람들은 대부분 제한적인 선택 사항을 제시해주면 그 선택지 안에서 답을 하는 경향이 크다.

- 행동 화법 : "계산하시는 동안 이 컴퓨터를 차로 가져다 드리겠습니다." 이는 "됐어요"라고 반발을 끌어낼 수 있는 가장 위험한 말이다.

- 가정 화법 : "주문에 감사드립니다. 이 컴퓨터를 사용하시고 만족하셨으면 합니다. 계산서를 가져다 드리겠습니다." 이것은 3번의 행동 화법과 유사하게 상대의 반발을 끌어내는 방법이다.

게이트키퍼를 이용하여 일의 속도를 내라

우리는 이미 2장에서 광고대행사의 대우받지 못하는 교통 경찰의 역할을 하는 게이트키퍼와 좋은 관계를 구축했던 고객관리 담당자인 캐롤라인에 관한 이야기를 알고 있다. 그의 도움으로 그녀는 크리에이티브 부서, 아트 부서, 미디어 부서 등 그녀와 관계된 다른 부서들과의 관계에 있어서 일정보다 빨리 일을 처리할 수 있었다. 그는 일의 진행에 있어서 주요한 역할을 하는 게이트키퍼였던 것이다.

어느 날 캐롤라인은 진퇴양난에 빠졌다. 한 클라이언트가 최근의 어떤 일에 대해 별로 마음에 들어 하지 않았던 것이다. 클라이언트는 그녀에게 와서 다시 일을 해달라고 요청했다. 주어진 시간 안에 미디어 부서와 함께 일을 해야 했고, 그 일은 매우 시급한 일이었다. 회사의 시스템을 이용해야 하는 그녀의 일을 빨리 처리하기 위해서는 게이트키퍼의 도움이 필요했다.

게이트키퍼의 태도는 매우 명확했다. 현재까지 그가 처리해주어야 할 일은 최소한 72시간 분량이었고, 여지가 없었다. 캐롤라인은 이 태도가 단순히 그의 더 깊은 이해관계에 관한 것이라고 생각했다. 그는 안정적이고 예측가능한 일의 흐름을 원하고 있었고 클라이언트 부서들이나 서비스 부서들 중 하나라도 그를 더 이상 닦달해선 안 될 것 같았다. 이를 알고 나서, 캐롤라인은 항상 마지막 순간에 요청하는 것을 피하려고 노력해왔다. 그는 그녀의 마지막 1분 전의 요청을 언제나 먼저 처리해주었고, 다른 클라이언트 이사들의 요청은 나중까지 미뤘다 데드라인 직전에 하곤 했다. 그녀는 몇몇 다른 클라이언트에게 스케줄을 뒤로 미뤄달라고 요청했고, 그래서 게이트키퍼가 해야 할 일의 전체적인 무게는 증가하지 않았다. 그녀가 마지막 순간에 요청한 것들은 언제나 통과되었고, 그럴수록 다른 중역들과 공격적인 클라이언트 부서의 관리자들이 자신의 일을 먼저 처리해달라고 짜증을 내는 강도는 높아졌다.

이 게이트키퍼의 이해관계/문제를 이해함으로써 그녀는 그와 갈등을 일으키지 않고 촉박한 업무를 처리하는 문제에 대해 협상할 수 있었던 것이다.

저항과 반대를 극복하는 법

이론적으로 회사는 갈등이 아닌 협력 모델로 설명된다. 이론대로라면 회사에는 전쟁도, 궁핍도, 기아도 없어야 한다. 그러나 우리는 현실 세계에서 살아가고 있다. 동료들은 종종 우리의 계획을 방해한다. 적극적으로 반대하든, 그들의 도움이 필요한 때 아무것도 하지 않는 소극적인 방해를 하든 말이다. 관리자가 되어 어떤 일을 하고자 한다면, 이러한 반대를 다룰 줄 알아야 한다.

반대는 합리적인 반대, 정치적인 반대, 감정적인 반대의 세 가지로 나눌 수 있다.

반대에 부딪히게 된다면, 당신이 맞닥뜨리고 있는 반대가 어떤 종류의 것인지 알 필요가 있다. 그래야 그것을 적절하게 다룰 수 있다. 하지만 그 특징을 알아차리기란 쉽지 않다. 관리자들은 항상 자신이 합리적으로 반대하는 것처럼 가장하고 있기 때문이다.

합리적인 반대와 반응들

첫 번째로 해야 할 일은 누군가가 질문을 할 때, 그것이 당신을 저지시키려고 하는 것인지, 아니면 그 의제를 더 잘 이해하고, 명확히 하기 위한 것인지를 구별하는 것이다. 순수한 질문과 구별되는 반대에는 몇 가지 핵심적인 신호가 있다.

- 끈덕지게 캐묻는 것 : 당신의 아이디어에 대해 세 개 이상의 질문을 하고, 그것에 우려를 표명한다.
- 해결책 없는 질문들 : 당신을 지지한다면 단순히 질문만 던지는 것이 아니라 그에 대한 가능한 해결책들을 자발적으로 제시하거나 최소한 당신이 납득할 만한 대답을 할 것이다.
- 지속적으로 위험과 문제점들에 초점을 맞춘다.
- "당신 말이 맞아요. 하지만……"식의 게임을 한다. 이 "하지만" 앞에 나오는 모든 말은 헛소리라는 것을 기억하라. "하지만" 뒤에 나오는 말에 주의를 기울여라.

합리적인 질문에 대한 합리적인 대답은 매우 우수하다. 그러나 비합리적인 반대에 대한 합리적인 대답은 대부분 쓸모없는 것들이다. 그리고 대부분의 반대는 비합리적인 것이다. 반대에 부딪혔을 때 "왜 이 사람은 반대를 하는 거지?"라고 먼저 자문해보라. 이 "왜"라는 질문에 대한 대답을 얻게 되면 다른 모든 질문들은 상대적으로 수월하게 풀린다.

외견상으로 합리적인 반대는 대부분 재정, 보험, IT, 인사관리 등의 지원 부서에서 나온다. 그들의 질문들 중에는 합리적이고 유익한 것들도 있다. 그러나 사실 그들 중 대부분은 자신들이 존중받고 있는지 확인하고 싶은 것이다. 자신들이 던진 질문에 대해 당신이 얼마나 성실하게 답해줄 수 있는가를 테스트하는 것이다. 그들과 논쟁하는 것은 아무 소용도 없다. 그들에 대한 존중을 빨리 표현하고, 그들의 가치를 확인시켜주고, 당신의 제안이 그들의 필요에 부합한다는 것을 보여주라. 그러면 그들은 신기하게도 그들의 정책과 규정에 반하는 제안도 그대로 통과시켜줄 것이다. 존중을 표현하는 데 실패한다면, 당신은 어떤 세부적인 것을 놓친 대가로 전면전을 치러야 할 것이다.

합리적인 이유와 존재의 가치

재정부서의 비즈니스 평가를 받기 위해 우리는 이사회로 불려갔다. 몇 시간이 흐른 뒤에 우리는 더 많은 재무 이론과 자본 평가 가격 모델을 이용하여 우리의 제안서를 설명해야 한다는 것을 알게 되었다.

- 역사적인 리스크 할증 데이터를 가지고 있거나 예측해본 적이 있는
가 : 어떻게 그것을 계산했는가?
- 우리가 사용한 베타값의 종류는 어떤 것인가?
- 현금 흐름을 어떻게 규정했는가?
- 할인된 매매와 매수는 어떻게 적용했는가?
- 외국인 투자와 소액 투자가들의 이익은 어떻게 해석했는가?

집중 포화의 몇 시간이 지나고 나서 우리는 하룻밤의 휴전을 요청했
다. 그리고 생각을 거듭한 결과 그들의 목적이 우리가 위험할증을 계
산한 방법을 알고자 하는 것이 아니었다는 사실이 분명해졌다. 그들의
진짜 목적은 말로 표현되지 않은 다음의 것들이었다.

- 우리는 그들에게 적절한 시기에 조언을 요청하지 않았다. 그래서 그
들은 평가과정에서 자신들을 옆자리로 밀어놓아둔 데 대한 보복을
하는 것이다.
- 우리는 그들을 둘러싼 것들에 대해 낮은 평가를 했다. 그들은 자신
들이 하고 있는 질문에 담긴 비즈니스가 훨씬 더 가치가 있다고 이
사회에 항변하고 있는 것이다.

다른 전투를 치르는 대신에 우리들은 재정부서장과 함께 저녁을 할 자
리를 마련했다. 그 주가 끝나갈 무렵, 우리는 다른 가정들을 반영한 일
련의 평가물들을 합동으로 만들어내었다. 재정팀의 체면을 구기지 않
고, 이사회는 낮은 평가를 현실로 받아들였다.

당신이 다른 부서의 영역을 위협하는 것처럼 보인다면 저항을 각오해야 한다. 이 저항은 결코 "내 구역에서 썩 꺼져!"라고 직접적으로 드러나지는 않는다. 사람들은 자신들이 전체 조직과 함께 좋은 성과를 거두는 팀 플레이어처럼 보이고 싶어하기 때문이다. 사람들은 자기 이익만을 생각하는 편협한 사람으로 보이고 싶어하지 않는다. 그래서 당신에 대한 반대는 언제나 합리적으로 이의를 제기한 것과 같은 모습을 띤다.

저항을 다루는 가장 최고의 방법은 역시 선수를 치는 것이다. 당신이 다른 누군가의 영역 안으로 발을 내디뎠다는 것을 인지하고 있어야 한다. 먼저 다가가서 이것이 거래이고, 각자가 내민 의제들을 제휴할 의사가 있으며, 그들의 지원에 대해 보상을 할 의지가 있다는 것을 보여라. 그들에게 손을 내미는 간단한 행동으로 그들의 지원을 얻을 수 있게 될 것이다. 그들이 존중을 받았고, 바깥으로 밀려나지 않았음을 느끼는 순간, 그들은 반대를 멈출 것이다.

선수를 치는 것은 상대가 공식적으로 반대 입장을 취하는 것을 방지할 수 있다는 측면에서 특히 중요하다. 누군가가 공식적인 입장을 취하는 순간, 그는 자신의 입장을 철회하거나 바꾸기 어려워진다. 그래서 선수를 치는 과정은 항상 은밀하게 이루어져야 한다. 은밀히 그들의 진짜 관심사를 듣고, 서로 받아들일 수 있는 결과를 찾아야 한다.

반대 세력에 접근하는 데는 세 가지 선택 사항이 있다.

- **파워 플레이**. 윗줄에서 내려온(CEO에게서 내려온) 메시지를 보내라. 그러면 그들은 나가떨어질 것이다. 그러나 전투에서는 승리하겠지만, 핵심 동지들을 잃게 될 수 있다. 전투에서 패배하는 것을 좋아하는 사람은 없다. 허를 찔려 패배당하는 것은 더욱 싫어한다.
- **연합**. 당신이 어떤 종류의 거래를 할 수 있다는 것을 보여라. 공통의 기반을 찾고, 그들이 승리를 선언할 수 있는 (실제로 그들이 패배한 것이라 해도) 어떤 것을 그들에게 제시하라. 그들의 체면을 세워주라는 것이다.
- **항복**. 싸울 가치도 없는 전투도 있기 마련이다. 이런 전투에서는 발을 빼도 된다. 당신이 발을 빼면, 당신에게 어떤 보상이 주어질 것이고, 당신의 통제권을 유지할 수도 있다. 싸워서 지면 오히려 정치적으로 더 큰 타격을 받게 될 것이다.

갈등, 재난 그리고 장애

우리는 항공 교통 통제 시스템 센터에서 일하고 있다. 여기서는 이 조직 외에서는 이해할 수 없는 기묘한 일이 한 가지 일어난다. "빨리 퇴

근한다"는 것이다. 정규직원들은 일반적인 회사의 근무시간의 반 정도
만 근무하고, 다른 직원과 업무교대를 하는 방식으로 일한다. 그렇게
반만 근무하고도, 월급은 제대로 받는다. 열심히 일하고 있는 사람들에
게 우리는 미심쩍도록 낮은 골프 핸디캡을 가지고 있는 것처럼 보이는
것이다.

어느 날 우리가 우리의 일하는 방식에 약간의 변화가 필요하다는 제안
을 하자, 사내에서 숨겨진 목소리들이 대거 환영의 합창을 하기 시작
했다. 그들은 최근에 있었던 국회 개회식날 국회의사당 상공에서 있었
던 두 대의 점보제트기 충돌 미수 사건을(충돌했다면 국가원수와 의원들
의 대참사를 유발했을) 우리의 탓으로 돌리면서 우리에겐 변화가 필연적
이라고 말했다. 당연히 그들의 재편성에 관한 이의는 더 이상 그들의
골프 핸디캡을 올리지 않겠다는 욕구의 발현이 아니었다.

이런 것들에 관한 합리적인 대답은 없다. 숨겨진 목소리들은 건강이나
복지 같은 부분에 대해 재편성이 일어날 때도 동등한 효과를 내기도
한다. 정치적으로 당신에게 가해지는 공격들을 물리칠 수 있는 질문은
다음과 같다.

– 이 재편성을 함으로써 얻는 이익이 비용과 리스크를 감수할 만큼 가
  치가 있습니까?
– 우리가 이길 것이라고 생각합니까?

이러한 질문을 하고 나자 우리에게 반대하는 목소리는 사라지고, 우리
는 이전의 일상을 안전하게 취할 수 있게 되었다.

감정적인 반대

　남성 중심의 경영 문화는 사람들에게 항상 성과를 내기 위해 긴장을 늦추지 않을 것을 요구한다. 사람을 긴장시키는 일은 일반적으로 좋은 것이다. 사람들은 상대방이 바라는 기대치에 따라 좋은 성과를 올리기도 하고 별다른 성과를 거두지 못하기도 하기 때문이다. 당신이 무슨 일을 가능하게 만들고자 한다면 사람들을 긴장시켜라. 그것이 사람들이 배우고 발전하는 방식이다. 그러나 너무 긴장시켜서는 안 된다. 짧은 시간 내에 너무 많은 요구를 하면 오히려 사람들을 망가뜨릴 수 있다. 한번 그렇게 되면 모든 종류의 불합리하고 역기능을 유발하는 행동들이 나타난다. 하찮은 것에 논쟁을 벌이고, 사보타주(쟁의 중인 노동자에 의한 공장 설비·기계 등의 파괴, 생산 방해)를 일으키고, 예고하지 않고 결근을 한다거나, 갑자기 아프다고 드러누울 수도 있다. 성과 관리에 있어서 위험한 비탈길(slippery slope, 처음에는 잘 보이지만 나중에는 브레이크가 잘 듣지 않게 되는 위험한 코스)을 만들어내는 것이다. 처음엔 말로 주의를 주다, 점점 서면 경고를 하게 되고, 해고가 발생하고, 부당 해고에 관한 소송에 휘말려 고민과 스트레스는 가중된다.

　경고 신호에 항상 주의를 기울여야 한다. 어떤 사람들에게는 정말로 그 일이 다른 일보다 적합하지 않을 수도 있다. 그렇다면 그 사람에 대한 성과 관리는 다시 이루어져야 한다. 어떤 사람들은 과중한 긴장에 시달리고 있을 수도 있다. 그들을 공격하지 마

라. 당신이 공격하면 그들은 저항할 것이다. 그들에게 도움을 줘라. 최상의 방법은 그들을 그들의 안전지대로 완전히 돌려보내 주는 것이다. 작은 긴장을 계속 줘서 긴장에 익숙해지게 만들어, 견딜 수 있는 긴장 수치를 점차적으로 높이라는 일반적인 방법과는 다를 수 있다. 그러나 이는 등반 시 일어나는 고산병을 치료하는 방법과 유사하다. 고산병이 생겼을 때는 몇백 미터 아래로 내려가는 것이 아니고 전면 철수를 하고 내려간다. 여기서 회복을 하면 적절히 새 풍토에 순응하게 되는 것이다. 과도한 긴장에 시달리고 있는 사람에게는 그만의 안전지대로 보내서 회복하게끔 해야 한다. 그곳에서 자신감을 회복하고 난 다음, 서서히 더 높은 기대치의 긴장을 받을 준비를 하게 하는 것이다.

[표 4-2] 리더십, 파트너십

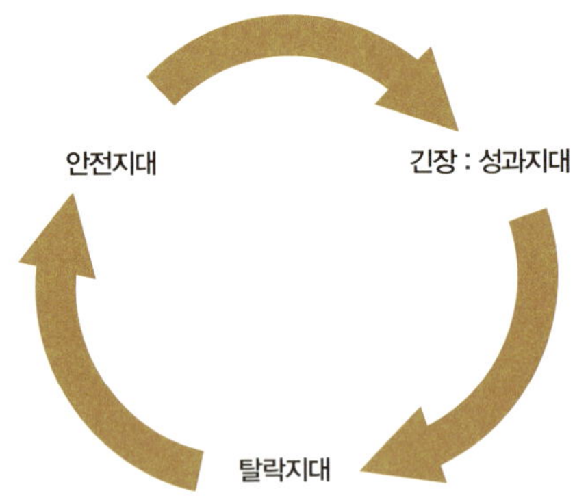

성과 관리는 공격적으로 하는 게 아니라 영리하게 해야 한다. 이 경우에는 돕는 것이 싸우는 것보다 낫다. 표 4-2의 업무수행의 순환 고리를 이해하고 사용하라. 사람들을 그들의 안전지대에서 긴장지대로 보내라. 그들이 견디지 못하면 다시 안전지대로 보내서 한동안 안정을 취하게 하라.

도움을 줌으로써 저항을 종식시키기

새벽 1시였다. 50여 명의 중역들이 회사의 장래에 대해 논쟁을 하고 있었다. 그들은 자신들이 변하지 않으면 회사가 문을 닫게 되리라는 매우 괴로운 깨달음을 얻었다. 결국 그들은 회사의 각 부서를 비롯해 모두에게 철저한 변화가 필요하다는 것을 받아들였다. 문제는 그들이었고, 이것이 곧 해결책이자 진보를 위한 것이었다. 나는 다음 날 진정한 진보가 이루어졌기를 기대했다. 나는 그들에게 잠잘 시간을 주고, 아침 7시에 만나자고 했다.

새벽 1시 15분, 복도에서 얀이 내게 다가왔다. 그는 쉰 살의 노련한 비즈니스맨이었고, 우리의 급진적인 변화에 가장 강력하게 반대하는 인물이었다. 30년 동안 단 한 번도 울어본 적이 없었던 그가 눈물을 보였다. 그도 변화가 필요하다는 것을 알고 있었던 것이다. 단지 그는 자신이 그것을 해내지 못할까봐 두려워하고 있었다. 그는 변화 앞에서 어떻게 해야 하는지 몰랐을 뿐이다. 그리고 자신의 커리어가 쓸모없는 것이라고, 자신의 미래가 보이지 않는다고 했다. 언젠가 자신이 중역으로서의 가치가 없어지면 그 자리를 떠나야 한다고 생각했다.

90분 후, 나는 그의 일과 인생에 대해 더 많은 것을 알게 되었다. 그는

누군가에게 자신의 가치를 확인받고, 자신이 해온 일은 모두 옳은 것
이었다는 것을 확인받고 싶어했다. 너무 지나친 스트레스에 시달리고
있는 그는 안전지대로 되돌아갈 필요가 있었다. 다음 날 우리는 그를
위해 조용히 몇 가지 간단한 것을 실행했다. 그는 자신감을 다시 쌓았
고, 그와 그의 팀은 다시 힘든 여행을 위한 준비를 했다.

당신이 감정적인 저항에 대해 공격으로 맞받아친다면, 불합리하고, 다
소 폭력적인 방식의 반발을 피할 수 없을 것이다. 공격하는 대신에 그
들을 지원하라. 그들이 길을 찾을 수 있도록 도와라. 그러면 어제의 적
을 오늘의 동지로 만들 수 있을 것이다. 사소한 경청이 긴 여정을 함께
할 수 있도록 해준다.

거절의 기술을 배워라

회사 생활에서 거절은 필수적인 요소이다. 당신과 회사가 모두 핵심에서 벗어나지 않을 수 있게 해주는 방법인 것이다. 그러나 여러 가지 이유에서 부정적인 사람으로 비치는 것은 좋지 않다. 부정적인 사람은 에너지를 낭비하고 회사의 의도와 엇나가게 된다. 그리고 팀 플레이어로서 자질이 부족하다고 여기게 된다. 파워와 존중을 구축하고자 한다면 당신은 긍정적으로 보이는 거절의 기술을 배워야 한다.

여기에는 세 가지 접근법이 있다.

아무것도 하지 않기

아무것도 하지 않는 것은 위에서 하달된 말도 안 되는 명령에 저항하는 가장 좋은 정치적인 방법이다. 당신이 적극적으로 그 명령에 반기를 드는 순간, 당신은 그 반대파의 수장이 되는 것이며 그 문제에 관해 논의가 이루어지면 그것에 합법적으로 참여할 권리를 얻게 된다. 이 논쟁은 언젠가 결국 끝나게 된다. 그러고 나면 당신에게는 두 가지의 결과가 남게 된다. 첫째, 당신이 이긴다면, 당신이 반대했던 안건을 제출한 모든 이들을 적으로 돌리는 셈이 된다. 둘째, 논쟁에서 진다면 당신은 팀 플레이어로서 부적당한 인간으로 낙인찍히게 된다.

아무것도 하지 않음으로써 다른 사람들이 그 문제를 규정하고 추진하게 만들라. 조직의 관성은 극복하기 어렵다. 말도 안 되는 아이디어가 실현될 것 같을 때, 원한다면 우세한 쪽으로 뛰어가는 것은 괜찮다. 그 아이디어가 사장되었을 때 최소한 당신이 저격자로 보이지는 않을 것이다.

괜찮은 사람으로 남는 것은 동료나 공급자, 부하직원들에게 가장 유용하게 쓸 수 있는 방식이다. 때때로 상사에게 사용할 수도 있다. 이 법칙은 간단하다. 제시된 아이디어의 부정적인 측면을 찾아보는 대신, 긍정적인 측면을 강조하는 것이다. 당신의 팀원들이 아이디어의 긍정적인 면을 구축하도록 부추기고, 좋지 않은 측면은 조용히 넘어가라. 긍정적인 부분에 초점을 맞추면 사람들은 한 일을 또 하게 되고, 일이 더욱 힘들어진다 해도 만족할 것이다. 부정적인 면에 초점을 맞춘다면 갈등과 논쟁을 불러일으킬 것이다. 당신이 옳다 해도, 당신은 이미 의욕을 상실한 파트너를 얻을 뿐이다.

다즈의 기적과 괜찮은 사람으로 남는 것

광고대행사는 고도로 창조적인 곳이다. 그러나 다즈(Daz) 광고는 고도로 독창적인 것을 요구하지 않는다. 다즈 광고의 기본 메시지는 50년 동안 바뀌지 않았다. 흰 옷을 깨끗이 하는 데 좋다는 것이다. 광고가 집행되면서 역시 그 메시지는 크게 변하지 않았다. 그러고 나서 주부들에게 실제 테스트를 한 결과, 그녀들이 지금 쓰고 있는 세정제 두 병을 새롭고 좋은 다즈 한 병과 바꿀 의사가 없다는 사실을 확인했다.

다시 광고 대행사 사람들이 자신들의 새 아이디어를 제시하기 위해 뉴캐슬로 왔다. 그들은 모두 제정신이 아닌 듯했다. 브랜드가 파괴되어도 광고협회상을 받기 위해서라면 무슨 짓이라도 할 태세였다. 현실은 우리가 이 엄청나게 신경질적이고 성마른 사람들의 도움과 지원을 받아야 한다는 것이었다. 그래서 그들을 진정시킬 방법을 찾아야 했다. 결국 우리는 괜찮은 사람으로 남는 방식을 택했다.

그들을 내치거나 그들의 아이디어를 무시하는 대신, 우리는 그들이 제안한 각각의 아이디어에 대해 좋은 말을 하는 방법을 찾았다. 이 부분에서 우리가 고도로 독창적인 능력을 가지고 있다는 것을 알아냈다. 다행스러운 사실 하나는 그들이 우리의 브랜드를 중요하게 생각하고 있다는 것이었다. 우리는 부정적인 측면은 경시하고 긍정적인 측면들만 말하는 방식을 택했다. 나쁜 것이 아니라 좋은 것이 무엇인지에 초점을 맞춤으로써 우리는 싸우지 않고 중도적이고 양식 있는 대화를 나눌 수 있었다.

괜찮은 사람으로 남기

괜찮은 사람으로 남는 것은 미묘한 거절 방식이다. 어떤 아이디어의 좋은 점만을 강조하여, 그 아이디어의 제안자에게 그러한 측면을 더 강화하도록 하는 것이다. 그리고 나머지는 무시한다. 그러면 그들은 좋지 않은 아이디어를 좋은 쪽으로 바꾸려 노력할 것이다. 우리의 반대에 반발하게 하는 대신 그들이 피드백에 대해 긍정적으로 느끼게 하라.

치즈 숍 게임

치즈 숍 게임은 상사에게 적용할 수 있는 좋은 방법이다. 당신이 괜찮은 사람으로 남고자 한다면, 그들은 당신에게 선심을 쓸 것이다. "No"라고 말하면, 그들은 화를 낼 것이다. 당신은 팀 플레이어로 적합지 않은 사람이라는 꼬리표를 달지 않으면서 반대하는 기술을 배워야 한다. 그러려면 조금 더 독창적일 필요가 있다. TV쇼 '몬티 파이톤'(영국 출신의 6인조 코미디언 그룹의 코미디 프로그램)을 생각해보라. 그 쇼의 에피소드 중에는 이런 것이 있다. 한 남자가 치즈 가게 주인에게 어떤 브랜드의 치즈를 달라고 한다. 주인은 그에게 그 브랜드의 치즈가 없다고 인정하지 않으면서 그 치즈가 없다는 것을 말할 수 있는 방법을 찾아내야 한다. 변명은 길고 다양하다(그 치즈가 건강에 나쁘다느니, 그 치즈를 먹는 것은 유행에 뒤떨어진 것이라느니, 계절과 맞지 않는 것이라느니, 심지어 금요일에는 치즈를 먹어서는 안 된다고까지 한다).

이것의 회사 버전은 적극적으로 반대하지 않으면서 그것을 하지 않을 수많은 변명거리들을 찾는 것이다.

- '하지만'형 : "네, 좋은 아이디어군요. 하지만……." 이제 그 아이디어의 위험에 대해 증명할 차례다. 상사가 떠넘긴 프로젝트를 성공시키려면 얼마나 많은 비용이 들어가고 부가적으로 요구되는 사항이 얼마나 많은지 말하라. 실패에 대한 두려움으로 포기할 것이다.
- 우선권형 : "네. 좋은 아이디어군요. 그럼 저희의 중요한 다른 프로젝트에 그 아이디어를 적용시킬 수 있는 방법을 알려주시겠어요? 그리고 프로젝트가 좀 늦어져도 괜찮은지 알려주세요."
- 유인 상술형 : 제안받은 아이디어의 궁극적인 목표를 이해하고, 그것을 달성하는 데 더 나은 방법을 찾거나 그 아이디어의

실행에 더 적합해 보이는 다른 사람을 찾아라.

이는 당신이 상사와 종종 겪을 수 있는 일이지만 당신이 원하는 게임은 아니다. 당연히 치료보다 예방이 낫다. 당신의 상사가 최근 계획한 무모한 기획에 당신을 끌어들일 여지가 없을 만큼 충분히 중요한 업무에 먼저 자원하여 그 일을 하라.

위기는 피하지 말고, 관리하라

위기는 관리자를 만들기도 하고 도태시키기도 하는 가혹한 시련이다. 리더라면 다음의 세 가지 주요한 능력을 가져야 한다.

- 비전
- 동기 부여 능력
- 위기 관리 능력

파워를 얻고 제대로 사용하고 싶다면 위기를 관리할 줄 알아야 한다. 위기 관리의 황금률은 다음과 같다.

"위기를 피하지 말고, 그것을 관리하라."

성공적인 위기 관리는 당신이 해야 하는 것만 행동하라는 것이다. 조용하고 긍정적인 태도를 유지하고 행동에 집중하라. 다른 사람들이 논쟁과 상대를 비난하는 늪에 빠지고 있다면 그대로 둬라. 단, 당신은 그 늪에 빠져서는 안 된다.

위기를 피하지 마라

위기는 피할 수 없는 것이다. 모든 일은 언제든지 잘못될 가능성이 있다. 위기를 피하려고 한다면 당신은 그 위기에서 아무것도 배우지 못할 것이다. 그리고 당신이 그 위기를 피한다면 다른 누군가가 그것을 관리하게 된다. 그 누군가가 파워를 쥐게 될 것이고, 당신은 파워를 잃을 것이다. 커리어를 시작했을 때 위기를 극복하려고 노력하다 실패하는 편이, 높은 자리로 올라간 뒤 처음으로 중대한 위기에 봉착하는 것보다 낫다. 경험은 언제나 유용하다. 경험을 통해서 당신은 위기란 대부분 유사한 패턴을 하고 있다는 것을 깨닫게 될 것이다. 정신의학자인 쿠블러 로스(Kubler Ross) 박사는 누구나 반드시 직면하는 최후의 위기인 죽음을 맞이하는 사람들을 보살피면서 사람들의 반응이 모두 유사한 패턴을 이루고 있다는 것을 발견했다.

1. 부정 : 이것은 진실이 아니야.

2. 분노 : 내게 이런 일이 일어날 순 없어.

3. 타협 : 반드시 피할 수 있는 방법이 있을 거야.

4. 좌절 : 그러니까 이게 실제로 일어난 일이란 말이지.

5. 수용 : 이제 무엇을 할 수 있을지 생각해보자.

1~4까지의 말을 하기 시작한다면 이미 실패한 것이다. 실제로 당신과 동료들이 그렇게 느끼고 있다고 해도 부정으로 시작해서 분노와 좌절의 상태로 결론을 내려서는 안 된다. 행동을 바꾸고 해결책을 찾아야 한다. 당신이 이를 할 만큼 충분히 강하다면, 당신은 일반적인 사람들의 무리에서 떨어져나와 두각을 나타내게 될 것이다. 또한 당신이 고통에서 구해낸 사람들 중에는 중요한 역할을 하는 사람들도 많을 것이다. 위기를 피하지 않음으로써 당신은 자신을 주목받는 사람으로 만들었고 중요한 정치적 네트워크를 쌓은 것이다.

위기에서 이익을 뽑아내기

고객불만 처리 부서는 보험회사의 가장 하찮은 밑바닥에 위치한다. 가장 빛나는 부서는 예산 관련 부서들이다. 중개인들과 거래하고, 광고를 집행하고, 유통 채널을 구축하는 그런 부서들 말이다. 종종 회사 전체를 나누는 데 온 힘을 기울이는 비용삭감 캠페인들이 집행되지만 그 이득은 좀처럼 알기 어렵다.

보험회사의 장부를 보면 회사 비용의 90퍼센트 이상이 전혀 관리받지 않는 부서인 고객불만 처리 부서에서 나간다는 것을 알 수 있다. 불만 처리는 보험회사 입장에서 많은 비용이 드는 행정적 잡무이다. 이는 회사 입장에서 작은 위기이기도 하다. 고객불만 처리 직원이 그 불평을 빨리 진정시킬수록 불만 처리 비용이 줄어든다. 그래서 우리는 모든 면에서 논리는 제쳐둔다. 그러면 대부분의 불평들은 전화상으로 즉시 안정된다. 자동차 사고 불만은 종종 사고 지역에서 해결되기도 한다. 대부분 보험 가입자들은 보험회사가 위기를 관리해주고, 좋은 서비스를 제공하면 기뻐하며 그 일을 마무리 짓는다. 그들이 적정한 보상을 받으면 끝나는 것이다. 일을 질질 끌고 가는 사람들에게 비용의 대부분이 지출된다. 불만 처리 고객 만족도는 산업 표준이 되기도 한다. 이것은 보험회사가 좋은 서비스를 제공하기 때문이 아니다. 그들의 불만 처리 비용을 줄이기 위한 것이다.

이 보험회사의 위기를 관리 위기라고 생각해보자. 당신이 해결책을 빨리 찾을수록 고통은 줄어든다. 위기에서 도망치려고 하지 마라. 위기에 맞서서 그것을 해결하라.

위기를 컨트롤하라

위기를 다루는 가장 좋은 방법은 그것을 애초에 예방하는 것이다. 그러나 이것이 항상 가능한 것은 아니다. 각각의 위기에는 각각의 특징과 그 전개 방식이 다르기 때문이다. 전형적인 위기는 크게 주요 고객이 떨어져 나간다든지 핵심 직원이 그만두겠다고 하는 것처럼 특정 사건과 관계있는 문제와, 관리직들의 실패나 컴퓨터 고장 같은 운영 과정의 문제로 나눌 수 있다. 위기가 진행되면, 다음의 몇 가지 간단한 법칙들을 통해 그 위기를 관리하라.

첫째, 위기를 빨리 인식하라.

이해관계자들을 성나게 하는 것들로부터 숨지 마라. 그들을 빨리 만나서 그들의 분노와 울분을 풀어 주라. 사람들이 화난 상태를 오랫동안 유지하기는 힘들다. 그들과 논쟁하지 마라. 당신이 그들의 입장을 이해하고 있으며, 해결책을 제공할 수 있음을 확인시켜준다. 당신이 지금 해야 할 일은 자기 통제다. 이해관계자들을 이해하고 그들로 하여금 당신을 문제를 해결할 수 있는 사람으로 여기게 하라. 스스로 그 문제를 해결할 수 없다면 당신을 위해 그 문제를 대신 해결해줄 사람을 찾아라.

둘째, 시간을 벌어라.

성급한 약속은 하지 마라. 해결책이 손 안에 있지 않는 한, 허세를 떨지 마라. 이 단계에서는 당신이 진정으로 문제에 대해 이해하고 있는 것이 아니라면 대답을 만들어내려 애쓰기보다 적절한 질문을 하는 것이 더 중요하다. 스스로 문제를 해결하지 못할 것 같으면 다른 사람들과 이야기를 나누라. 해결책을 만들거나, 해결책을 만드는 데 동료가 될 사람을 찾을 수 있을 것이다.

셋째, 결과에 집중하라.

위기는 기능장애를 일으키는 행동을 부추긴다. 사람들은 서로가 한 행동에 대해 분석하고 서로에 대한 비난을 일삼으며 대책 없이 과거만 들춰낸다. 앞날을 생각하고 있다면, 해결책을 찾도록 노력하고, 무리에서 나와 행동하라. 누군가에게 어떤 것에 대해 비난하는 태도를 피하라. 그가 비난받을 만한 행동을 했다 할지라도 말이다. 비난을 하려면 개인이 아닌 시스템에 하라. 당신은 하나의 역할 모델이 될 것이고, 다른 사람들이 신뢰할 수 있는 안전한 사람으로 남을 것이다. 그리고 위기를 해결한 사람으로 여겨질 것이다. 조직 내에서 당신의 주가는 빠르게 상승할 것이다.

고슴도치 다루기

누구나 어떤 측면에서는 다루기 힘든 부분이 있다. 합리적이고 이성적인 사람들도 갈등과 위기를 조장할 수 있다. 사람을 다루려면 인간 본성을 알아야 한다. 사람들은 누구나 자신이 특별하고, 특별한 대우를 받아야 한다고 생각한다. 누구나 가장 많은 보너스를 받고 싶고, 가장 높은 자리로 승진하고 싶고, 최고라는 평가를 받고 싶어한다. 다음에 관해 자신이 평균보다 위에 있는지 아래에 있는지 당신 자신과 동료들에게 질문해보라.

- 차를 운전하는 능력
- 양육

- 연애
- 사람을 다루는 능력
- 정직

사람들 대부분이 자신들이 평균보다 위에 있다고 믿고 있을 것이다. 이는 통계적으로 불가능하지만 감정적으로는 당연한 귀결이다. 자기 반영에 관한 한 자신을 평균 이하로 보는 인간은 거의 없다. 그러나 균형 잡힌 시각을 가진 평범한 사람들을 트러블 메이커로 만드는 등 인간 본성에 내재한 약점을 제외하더라도 실제로 언제나 다루기 힘든 사람이란 존재한다. 당신의 임무는 그 사람을 변화시키는 것이 아니다. 당신은 관리자이지 정신과 의사가 아니다. 현재 당신은 그들의 행동을 다루어야 한다. 그들의 유년기에 무슨 일이 있었는지, 그래서 왜 그런 행동을 하는지까지 걱정할 필요는 없다. 그들의 정신세계를 분석하려 들지 말고 결과에만 집중하라.

사람들의 행동 유형을 단순하게 분류하면 다음의 세 가지 유형이 있다.

- 수동적인 행동
- 단정적인 행동
- 공격적인 행동

[표 4-3] 행동의 3가지 유형

	수동적	단정적	공격적
관계	나는 항상 실패했다 : 이것은 공정하지도 않고, 내 잘못도 아니다.	윈/윈	당신을 패배시키고 내가 이길 것이다.
연설	조용하다.	열린 대화	다른 사람에게 목소리 높여 말한다.
단체 행동	뒤로 물러난다.	협력	지배
위기	움츠러든다.	미래에 초점을 맞추고, 행동으로 옮긴다.	비난
토론	자신의 감정에 거슬려도 동의한다.	명확히 나의 논지를 입증한다.	요구 : 내 방식과 당신의 방식 중 택일하라.
그들이 다른 사람들에게 느끼게 하는 감정	죄의식을 느끼게 하거나 우월감을 느끼게 한다.	가치 있고 존중받는다고 느낀다.	굴욕감을 느끼게 하거나, 상대의 화를 유발시켜 보복당한다.

관리자에게 이상적인 행동은 단정적인 행동이다. 기능장애를 일으키는 행동은 수동적이거나 공격적인 경우가 많다. 표 4-3에는 각각의 행동 유형이 간단히 정리되어 있다.

비즈니스에 관련된 많은 TV 프로그램과 자서전들은 공격적인 행동이 파워와 영향력의 신호라고 말한다. 그러나 그 공격적인 행동으로 인해 회사 안에 당신에게 보복하려는 사람들을 만들게 되므로, 어떤 일을 하는 데 있어 좋은 방법이 아니다. 이 유형의 정반대편에 있는 것이 수동적인 행동으로, 이는 패배의 방책이다. 단정형의 방식이 공격적인 사람과 수동적인 사람 모두와 함께할 수 있는 이상적인 방식이다.

수동적인 행동은 공격적인 사람들을 자리에서 일어나게 한다. 일반적으로 공격형의 사람은 가장 약한 사람을 공격하기 때문이다. 이 골목대장들과 싸우지 말고, 단정적인 입장을 유지하라. 당신이 필요로 하는 것, 당신이 기대하고 있는 것에 대해서 열린 입장에서 명확하게 알려주라. 평정과 논점을 잃지 마라. 그들의 감정 게임에 휘말리지 마라. 합리적인 안건으로 단호하고 긍정적으로 미래에 대해 초점을 맞추어 이야기하라. 일반적으로 그들은 자신들의 공격적인 행동을 온건하고 합리적인 것이라고 생각한다. 따라서 그들은 계속 화를 내거나 자신의 방식을 꺾을 수 없다. 침착하고 긍정적인 자세를 유지함으로써 그들 스스로 바보가 되도록 놔두라. 그들과 똑같은 수준으로 내려가지 마라. 그러면 둘 다 바보가 될 뿐이다.

수동적인 행동은 조직에서도 나타나지만 보다 일반적으로 발견할 수 있는 것이다. 이것은 전혀 도움이 되지 않는다. 그들은 왜 아무런 행동도 할 수 없는지 설명하기 위해 절차와 정책 뒤로 숨어버린다. 그들은 행동함으로써 얻게 되는 위험을 감수하기보다 분석하면서 안전성을 찾는 경향이 있다. 따라서 그들은 실패에 대한 변명을 잘 찾아낸다. 이런 사람들에게 그들이 할 수 없는 일을 시키지 마라. 그들의 능력 내에서 이용해야 그들의 기술을 최대로 활용할 수 있다. 그들은 매력적이지도 않고 과도한 요구도 없는 지루한 일, 뒤에서 지원하는 일밖에 할 수 없다. 다른 사람의 재능을 제대로 이용하면서 더 많은 요구 사항들을 처리해내어 큰 이익을 끌어내라. 이는 당신의 이익이 된다.

다시 한번 말하지만 모든 사람들에게 죄책감을 느끼게 하는 그들의 감정 게임에 휘말리지 마라. 당신이 기대하는 것이 무엇인지, 그것을 언제까지 해야 하는지에 대해서만 생각하라. 그들은 책임감이나 비난을 당신이나 다른 사람들에게 전가하고 있다는 것을 명심하라.

What

파워의 조종간을 당겨라

당신이 파워를 사용할 줄 모른다면 굳이 파워를 얻을 필요도 없다. 전 영국 수상 존 메이저(John Major)는 "사무실에 있어라. 파워는 필요 없다"라고 말했다. 그는 지속적으로 자신의 파워를 유지하는 데 실패했다. 당신 손 안에 파워의 조종간이 들어온다면, 그것을 사용해야 한다. 당신이 그것을 사용하지 않는다면 누군가가 그것을 가져가게 될 것이다. 파워는 사용하지 않으면 잃게 된다. 그리고 파워를 잘 사용할수록 더 많은 파워가 당신 손 안에 들어올 것이다. 파워는 파워를 부른다.

예산, 직원들, 보상, 시스템을 관리하는 것은 명백히 공식적인 파워의 원천들이다. 지식, 프로젝트, 변화를 관리하는 것 또한 공식적인 파워이다. 돈과 예산은 이번 장에서 별도로 다룰 만큼 충분히 가치 있고 중요하다.

- 예산은 파워를 불러온다
- 예산은 협상하는 것이다
- 성과를 위한 예산을 관리하라
- 예산 사용에 관한 두 가지 접근법
- 올바른 보상과 평가 방식을 선택하라
- 직원과 조직 관리의 중요성을 파악하라
- 지식 경제에서의 지식과 파워
- 프로젝트 관리

예산은 파워를 불러온다

성공은 돈, 파워, 명성에서 나온다. 그런데 회사에서 얻을 수 있는 귀중한 작은 명성들이 있다. 이는 바람만 잔뜩 든 독재자마냥 화보나 연간 보고서, 홈페이지 같은 곳에 자신의 사진을 싣고 싶어 안달이 난 CEO가 명성을 얻는 방법과는 다르다. 실제로 성공하게 되면 돈과 파워는 따라온다. 이 성공은 얻기 힘들고, 그것을 잃지 않으려면 신중하고 현명하게 접근해야 한다.

회사 내에서 돈은 예산의 형태로 온다. 예산은 파워를 주고, 일의 진행을 한결 수월하게 해준다. 예산을 큰 성과를 내는 데 잘 사용하라. 더 많은 파워를 얻을 수 있는 방법을 얻게 될 것이다. 제대로 사용하지 못한다면, 혹은 사용하는 데 실패한다면, 당신은 예산과 파워 모두를 잃게 될 것이다. 더 많은 파워를 얻고 싶은가? 한 가지만 명심하라. 사용하지 않으면 다 잃는다. 표 5-1의 예산, 파워, 성과의 멋진 순환 고리가 순식간에 지옥의 순환 고리로 바뀔 수도 있다.

[표 5-1] 예산, 파워, 성과의 순환고리

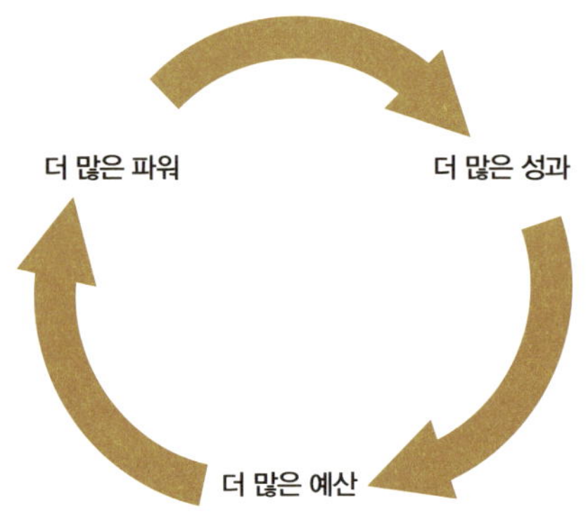

예산은 협상하는 것이다

이론상 예산은 합리적으로 관리되는 것으로 여겨진다. 그리고 예산은 부족한 자원을 회사 내에 합리적으로 할당해주는 것이라고 알고 있다. 이 이론의 문제점은 이 말이 완전히 틀렸다는 데 있다. 회사에서 일하는 사람들은 누구든 그 예산 책정 과정이 합리적이지 않고, 뿌연 거울에 비치는 것처럼 모호하고 혼란스러운 것이라는 사실을 알고 있다. 이 때문에 회사 내의 정치성이강화되는 것이다. 관리자들은 예산 협상을 통해 진짜 경쟁은 바깥에서 일어나는 것이 아니라는 사실을 파악할 수 있다. 적은 내부에 있다. 예산은 관리자들이 부족한 재화를 놓고 서로 경쟁하는 전쟁터이다.

다음 해의 예산 책정은 다음에 제시하는 두 가지 주요 세력의
결과물이다.

- 전년도 예산 : 다음 해 예산 측정의 지표는 올해의 예산이다.
  대개 여기서 약간 추가되거나 삭감된다. 전체에 적절히 우선
  권이 나누어질 거라는 동화 같은 생각은 버려라. 모든 조직에
  는 희생이 따르기 마련이다. 그들은 작은 변화를 주고 큰 성과
  를 이루어냈다고 자화자찬하지만 현행 궤도와 예산을 유지하
  고 있을 뿐이다.
- 관리자의 협상 기술 : 예산은 단순한 것이 아니다. 이것은 중역
  들과 중간 관리자들 간의 심리적인 계약이다. 중간 관리자들
  은 최대의 자원을 입찰하고, 최소의 성과를 약속한다. 중역들
  은 최고의 성과를 요청하고, 대신 최소의 예산을 제안한다. 이
  것은 논쟁이다. 단, 그들이 사용하는 데이터에서 진실은 찾기
  힘들고, 대신 각 편이 사용하는 무기가 무엇인지를 알 수 있을
  뿐이다. 이 논쟁을 조종하는 방법을 알아야 한다.

관리자들이 무언가를 이룩하고자 할 때 제대로 된 예산을 협상
하는 것은 매우 중대하다. 여기서 좋은 결과를 도출해주는 다섯
가지 간단한 법칙을 제안하겠다.

첫째, 먼저 시작하라.

공식적인 예산 협상 과정이 시작되기 전에, 당신이 만족할 수 있는 숫자를 먼저 제시하라. 대부분의 예산 협상은 중역 회의나 예산기획부에서 이미 결정된 사항을 가지고 미세한 조정을 하는 것일 뿐이다. 당신이 제대로 된 위치에서 (성장, 투입 비용, 상품 가격, 경쟁사 등에 관해) 제대로 된 추정치를 낸 것이라면, 당신이 제시한 예산을 가져올 수 있을 것이다.

둘째, 높게 불러라.

당신이 협상하는 사람이 누구이든, 당신이 요구하는 것이 무엇이든 간에 말이다. 협상에 들어가면, 재무부서에서 나온 플레이어들에게 배의 닻을 내린 것은 당신이라는 점을 똑똑히 확인시켜라. 그리고 당신이 필요한 것보다 높게 불러라. 당신이 요청한 것은 그게 얼마든 반드시 삭감될 터이니 높게 불러라.

셋째, 사례를 만들라.

지나간 선례들을 극복한 사례를 만들라. 당신은 사내의 그 누구보다 당신의 일과 부서에 대해 잘 알고 있다. 그 지식을 이용하라. 객관적인 사례를 제시할 필요는 없다. 당신은 변호사처럼 당신만의 사례를 항변하고, 당신만의 데이터를 준비하면 된다. 당신의 입장에서만 이야기하라. 데이터의 공습 앞에서는 어떤 사람들도 조용히 손을 들 수밖에 없다. 사냥은 쉬워질 것이고, 희생양의 수도 줄어들 것이다.

넷째, 지지를 구축하라.

당신의 네트워크를 이용하여 당신의 입장에 대한 지지를 구축하라. 네트워크란 다른 말로 당신을 지지하는 사람을 뜻한다. 참석해야 할 회의에 당신의 스태프를 배치해두라. 당신의 코치나 멘토를 이용하여 어떻게 하면 당신이 최상의 입장에 설 수 있는지 알아내라. 당신과 공통의 이해관계를 가지고 있는 동지가 될 만한 다른 부서를 찾아라. 만약 IT 부서에서 어딘가에 엄청나게 투자하기를 원하고 있다면 당신의 예산이 그 투자금과 관계가 있도록 만들라. 그러면 IT 부서는 당신을 지지할 것이다. 만약 그들이 투자를 얻어내지 못해도, 당신은 보다 유리하게 예산 재협상에 들어갈 수 있을 것이다.

다섯째, 열심히 참여하라.

예산 책정 과정은 일종의 소모전이다. 순진한 관리자들은 내민 예산을 그저 불평 없이 받아들인다. 그렇게 되면 다음 해에 그 예산으로는 불가능한 목표를 달성하기 위해 지옥의 1년을 보내야 한다. 그리고 불가능한 목표를 달성하려는 노력을 하면서도 목표를 놓쳐 보너스까지 잃게 될 것이다. 노련한 관리자들은 한

달 동안 예산 협상을 하면서 분투하고, 나머지 열한 달은 적정한
예산에 맞는 적당한 목표를 달성한다. 그들이 받는 보너스는 1년
동안의 노력의 대가가 아니라, 한 달 동안의 예산 협상에서 나온
것이다.

성과를 위한 예산을 관리하라

예산을 잘 관리하는 것은 경영의 기본 중 하나다. 당신이 파워를 빨리 잃고 싶다면, 그렇게 할 수 있는 가장 신속한 세 가지 방법이 있다.

■ 예산 놓치기 : 더 좋지 않은 것은 어떤 사전 경고도 없이 예산을 놓치는 것이다. 무언가 좋지 않은 일이 생길 것 같으면 빨리 재협상하라. 상대에게 타격을 거의 줄 수 없다 해도 손 놓은 채 예산을 놓치는 것보다 낫다. 팀원들을 당황시키는 것은 결코 좋은 방법이 아니다.

■ 부정확한 예산 보고서 : 예산 보고서에서 숫자가 하나만 틀려

도 즉시 당신의 보고서는 의심을 받게 된다. 다른 사람들의 신뢰와 신용을 잃는 것은 물론이다. 나는 예전에 이 실수 때문에 거의 해고의 위기까지 간 CEO를 본 적이 있다. 이사회는 그의 위대한 경영 능력과 성과에도 불구하고 숫자 하나가 틀렸다는 이유로 그를 믿을 수 없었던 것이다.

■ 자신의 예산이 있어야 될 자리를 모르는 것 : 관리자들은 주요한 운영 데이터와 비율을 완벽하게 암기하고 있어야 한다. 투자가들의 가장 간단한 수법은 출원자들에게 몇 가지 기초적인 재무 비율을 묻는 것이다. 사람들은 갑작스러운 숫자의 공격을 받으면 아무리 낮은 장애물에도 넘어지게 마련이다.

예산을 성공적으로 관리하기 위한 몇 가지 기초 전략들이 있다.

첫째, 예산을 숨겨라.

당신이 예산 계획을 적절하게 세웠다면 당신은 어느 곳의 예산이 과대평가되었는지, 아무에게도 말하지 않은 예산을 절감할 수 있는 부분이 어디인지, 어디의 예산이 부풀려졌는지를 정확히 알고 있을 것이다. 이것이 당신이 운용할 수 있는 위험 부담금(우발손실위험금)이다. 이것을 가슴 깊이 숙지하고, 재무팀의 레이더가 미치지 못하게 하라. 많든 적든 당신에게는 매년 예산 협상 과정에서 우발적으로 일어나는 유쾌하지 못한 상황을 다룰 수 있는 위험 부담금이 필요하다.

둘째, 임시 예산을 잘 배분해서 사용하라.

임시 예산은 분명 적을 것이다. 이것을 현명하게 사용하라. 임시 예산 중의 일부를 연초에 사용하라. 그렇지 않으면 성과가 약간만 하락해도 재무팀은 즉시 그것을 빼앗아갈 것이다. 당신이 정말 주관하고 싶은 내부 회의가 있다면 빨리 해라. 그리고 임시 예산의 나머지는 매년 연말마다 발생하는 필연적인 공황 상태를 회복시키기 위한 자금으로 남겨둔다. 공황 상태에서 예산을 쥐어짤 수 없을 때 이 남겨둔 임시 예산을 사용하여 문제를 해결할 수 있을 것이다.

셋째, 연말에 있을 예산 긴축 정책을 미리 준비하라.

회사의 전체 형세에서 눈을 떼지 마라. 이것이 당신에게 연말에 어떤 일이 벌어질지를 말해줄 것이다. 전형적으로 당신은 더 많은 수익을 내야 하고(다음 해까지 2개월 남은 시점이라면 예산 삭감을 의미한다) 더 많은 자금을 끌어와야 한다(지불해야 할 어음과 주식은 감소시키고, 지불만기는 늘린다)는 요청을 받을 것이다.

넷째, 현금이나 비용을 너무 인색하게 관리하지 마라.

재무팀이 반드시 집행할 연말 긴축에서 당신이 거래할 것이 아무엇도 남아 있지 않게 될 것이다.

다섯째, 48/52의 법칙으로 예산 계획을 세워라.

연초의 6개월 내에 예산의 48퍼센트를 사용하여 목표 결과의 52퍼센트를 달성하라. 이것이 성공한다면 다음 6개월은 손쉬워 진다. 아주 경미한 수준으로만 끌어올려도, 50/50으로 예산을 분 배하여 그것을 끌어올리는 것보다 문제가 덜 생긴다.

예산 사용에 관한 두 가지 접근법

일단 예산을 받으면 그것을 잘 사용해야 한다. 가장 중요한 것은 당신의 예산 목표를 충족시키든가, 그것을 뛰어넘는 것이다. 이것을 위해 어떻게 예산을 사용하면 좋을지 두 가지 접근법이 있다.

투입량에 초점을 맞추는 법

투입량에 초점을 맞추는 것은 비용을 아주 면밀하게 다룬다는 것이다. 클립 사용량이나 종이컵 사용량 같은 것까지 면밀하게 감시한다는 말이다. 이렇게 세세하게 통제하는 접근 방식에는 몇 가지 이점이 있다.

- 예산을 초과 사용하지 않을 수 있다.
- 아주 엄격한 회계 감사에서 어떤 까다로운 질문에도 제대로 대답할 수 있다.
- 매우 높은 순응도를 보인 직원으로 평가될 수 있다.
- 해고당하지 않을 수 있다.

투입량에 초점을 맞추는 예산 관리는 연금관리공단이나 국제관리기구 같은 전통적으로 기계적인 관료제 조직일수록 환영받는다. 그들에게는 괄목할 만한 성과나 혁신을 이룩하는 것보다 리스크를 제거하고, 프로세스에 순응하는 것이 더욱 중요하다. 프로세스가 훌륭하다면 비판받을 여지가 없다는 것이 그들의 생각이다.

당신이 이 투입량을 중시하는 세상에 살고 있다면 예산을 매우 면밀하게 관리해야 할 것이다. 다음의 규칙을 숙지하라. 예산 사용에 있어 하급자들에게 재량이 통할 여지를 남겨두지 마라. 예산 사용 규정을 매우 빡빡하게 설정하고, 자주 면밀하게 예산과 사용을 감시하라.

결과에 초점을 맞추는 법

결과에 초점을 맞추는 세계는 위의 세계와는 매우 다른 시각을 가지고 있다. 여기에도 물론 비용을 관리할 필요는 있다. 이는 어디에서나 필요한 것이다. 그러나 이 세계에서는 비용을 관리하는 것만으로는 충분치 않다. 여기서는 달성한 결과를 측정한다. 당신이 아무리 비용 관리를 잘했다 하더라도 좋은 성과를 내지 못했다면 환영받지 못할 것이다.

결과에 초점을 맞춤으로써 예산은 역동적으로 움직인다. 예산은 한 해 내내 수정을 거치고, 초점을 다시 맞추게 된다. 결과를 중시하는 조직은 자본주의의 기본 규칙을 따른다. 무엇인가가 제대로 작동하고 있다면 더 가동시켜라(돈을 더 써라). 제대로 작동하지 않는다면 즉시 멈춰라(지출 비용을 줄이거나 변경하라). 당신이 투자 은행에서 일하고 있다면 이는 아주 사소하고 간단한, 자연스러운 반응일 것이다. 그러나 경쟁의 풍파가 없고 변덕스러운 정치가들을 상대해야 하는 정부부처에서는 외계인 취급을 받을 것이다.

결과 지향의 세계에서 살아가는 것은 흥분되는 일이긴 하지만 수많은 요구들로 피곤해질 수 있다. 이 세계에서 성과를 내고자 한다면 당신은 프로세스가 아닌 사람들에게 의지해야 한다. 걸출한 성과를 내고 싶다면 사람들에게 동기를 부여해주고, 그들을 설득해야 할 필요가 있다. 빡빡하게 통제하거나, 신뢰하지 못한다거나, 의미 있는 일을 위임하지 않으면 사람들의 사기는 크게 떨어진다. 당신은 통제된 방식 안에서 일을 진행시키는 방법을 배워야 한다. 그러면 사람들은 자신의 능력을 최고로 끌어내어 일을 하게 될 것이다.

연말을 보내는 방식에서 결과 중심의 세계와 투입 중심의 세계는 극명한 차이를 보여준다.

투입 중심의 세계는 한 해가 끝나기 전 두 달 동안 미친 듯이 예산을 사용한다. 사용할 필요가 없다고 해도 그들은 자신들의 예산을 모두 사용해야 한다. 그렇지 않으면 다음 해에 예산이 적게 할당되기 때문이다.

결과 중심의 세상에서는 반대로 행동한다. 마지막 두 달 동안 실질적이고 눈에 띄게 지출 비용을 줄여서 수익 목표를 달성시킨다. 이것이 잘 진행되면 그들은 다음 해에 있을 불시의 매복을 조용하게 지나갈 수 있다. 그리고 미룰 수 있는 계약과 송장들을 모두 찾아내어 다음해가 시작될 때까지 미루어둔다. 다음 해의 세입을 일단 보장시켜야 하기 때문이다. 그렇게 함으로써 그들은 다음 해의 목표 성과를 쉽게 달성하려는 포석을 마련하는 것이다.

이 두 가지 모델 중 어느 것이 옳고 그른가는 없다. 단지 자신의 상황에 맞추어 일해야 하는 것이다. 당신의 회사가 어느 쪽인지 생각하고, 그에 맞춰 행동하라.

이기는 것과 지지만 않는 것

데이비드는 자신이 훌륭한 관리자라고 생각했다. 그는 클립 하나까지 모든 것을 면밀하게 관리하기 때문이었다. 그러나 사람들은 그를 지배광이라고 생각했다. 그는 예산을 매우 엄격히 통제하고, 자신을 제외한 다른 사람에게는 약간의 재량만을 허용했다. 통제의 수위는 점점 더 엄격해져 갔다. 그는 시시때때로 예산 사용과 하는 일에 대해 보고하게 했고, 감시했다. 일주일에 많든 적든 우리는 예산을 타내러 그에게 갔고, 그의 통제는 완벽했다.

사람들은 신속하게 데이비드가 원하는 게 무엇인지 알았다. 이는 대단할 수도 있고, 멍청한 짓일 수도 있다. 그러나 여기에 문제 될 것은 없었다. 어쨌든 무언가를 하고자 한다면, 그의 방식을 따르거나 전혀 따르지 않거나 둘 중 하나는 선택해야 했기 때문이다. 우리는 최소한 분란을 피하고자 모두들 잠자코 있었다. 혁명을 시도하는 것은 부질없는 짓이었다. 이것이 복종 문화이다. 대규모의 시스템 통합적인 사회에서는 프로세스에 복종하고, 리스크를 최소화하며, 통제를 강화하는 것이 강조된다. 데이비드는 결과를 얻었고, 누구도 그 밖으로 나가려고 하지 않았다.

존은 예산에 대해 결코 많이 묻지 않았다. 대신 그는 우리가 얻고자 하는 것에 대해 논의했다. 우리는 시간이 얼마나 걸릴지, 어떤 종류의 자원이 필요한지에 대해 이야기했다. 그리고 그것을 얻으며 논의를 끝낼 수 있었다. 도움이 필요하다면 요청하기만 하면 되었다. 때때로 우리가 일을 망쳐놓아도 최종 목표한 결과를 얻어내기만 한다면 그것으로 괜찮았다. 실질적으로 우리는 언제나 목표를 초과 달성하고, 혁신을 이룩하고, 전체 조직에 공헌을 해야 한다는 것을 알고 있었다. 이것은 고도의 책임 문화이다. 그리고 상대적으로 자유분방한 전략 컨설팅 같은 업무를 하는 곳에 적합하다.

존의 밑에서 일하는 것이 데이비드의 밑에서 일하는 것보다 훨씬 힘들다. 데이비드는 당신이 적절히 보고하고 일을 망쳐놓지만 않는다면 만족할 것이다. 그러나 존은 실제로 특출난 성과를 기대한다. 서로의 상황이 다르면 이들처럼 다르게 행동하는 것이 옳다.

올바른 보상과
평가 방식을 선택하라

"당신은 당신이 보는 만큼 통제할 수 있고, 당신이 주는 만큼 얻을 수 있을 것이다"라는 오래된 격언은 여전히 통하는 진실이다. 관리자로서 당신이 행동과 성과에 따라 차등을 두어 보상을 줄 수 있다면 이는 매우 강력한 능력이다. 사람들이 수행하고 있는 업무의 방향을 재조정하고 싶다면 이 보상과 평가라는 방법을 사용해야 한다.

예를 들면 한 생명보험 회사가 참혹할 정도로 수익이 나지 않는 일련의 상품들은 모조리 팔아버리고, 진짜 수익이 나는 상품들을 다 놓쳤다고 하자. 그 이유는 무엇일까? 직원들에 대한 인센티브가 수익이 나지 않는 상품 쪽에 조금 더 기울어 있었던 것이다. 영업 사원들은 반드시 자신이 팔아야 하는 상품들 중 어느 것에 시간과 노력을 더 할애할지 비공식적으로, 즉 개인적인 계산기를 두드리게 되어 있다. 어느 상품을 팔아야 자신에게 이익이 있는지, 자신이 가져갈 인센티브가 더 많은 상품이 어느 것인지 계산한다는 것이다. 이때 수익이 나는 상품을 파는 것이 개인적으로도 이익이 되도록 인센티브 전략을 근본적으로 바꾸어서 그들이 회사에 더 많은 수익을 가져다줄 수 있도록 훈련시켜야 한다. 그러면 회사의 판매되는 전 제품의 리스트는 12개월 안에 완전히 변할 것이다.

이 이야기는 합리적인 의사결정의 파워를 시사한다. 대부분의 사람들은 합리적이지 않다. 심리학자들은 가장 합리적인 결정을 하는 부류로 경제학자들과 사이코패스를 꼽는다. 그러나 당신이 사이코패스 경제학자들의 팀에서 일하지 않는 한 사람들의 감정과 정치적인 입장을 잘 다루어야 할 것이다. 종종 우리는 인센티브 전략을 잘못 사용할 때가 있다. 영업 사원들의 실적을 올려주고 싶다면 그들의 월급이 아닌 차를 바꿔주라. 이것이 주는 변화는 강력하다. 그들의 친지, 친구, 이웃은 그가 월급을 얼마나 받는지는 모른다. 그러나 그들의 차가 무엇인지는 볼 수 있다. 차는 그들의 사회적 위치와 성공을 말해준다. 차처럼 눈에 보이는 것으로 인센티브를 주는 것이 옳은 보상 전략이다.

올바른 보상과 평가 방식을 선택할 때는 위험이 따른다. 합리적인 사람은 최상의 결과를 내는 가장 손쉬운 방법을 찾아낼 것이다. 예를 들어 정치가들이 국가 의료 서비스의 목표치를 조정한다고 하면, 크든 작든 그 재앙에 대한 분란이 발생한다. 두 가지 예이다.

목표 1 : 원활한 진료를 위해 대기시간을 줄여라.

응답 1 : 대기 시간이 시작되는 때부터 시간 개념 자체를 재정의한다. "진료 접수를 하고 싶다면 일주일 전에 대기자 명단에 이름을 올려야 하며 휴가 기간에는 서면 접수를 해야 한다. 응답이 없다면 대기자 명단에서 삭제된 것이다"라고 규정을 바꾼다.

목표 2 : 공공장소에서는 사륜차(휠체어, 이동침대 포함) **위에 환자를 태우고 진입해서는 안 된다.**

응답 2 : 사륜차의 바퀴를 모두 떼어내어 디자인을 다시 한다. 공공장소를 지칭하는 지역을 병원이나 기숙사 같은 단어로 재정의한다.

결국 목표는 달성되겠지만 실제 환자들을 위해 개선된 것은 하나도 없는 셈이 된다. 이런 불합리한 게임은 수두룩하다. CEO나 재무 부장들이 정확하게 결과와 맞추기 위해 (약간의 변경을 가하면서) 회계 숫자를 얼마나 교묘하게 조정하는지, 주식 분석가들이 그들의 예측이 틀렸을 때 얼마나 교묘하게 빠져나가는지를 보라.

극단적인 결과 중심 문화는 기만과 속임수로 이어진다. 베링스 (Barings, 세계 최고의 민간은행)의 종말은 싱가포르 지사의 회계 시스템을 장악하고 있던 닉 리슨이 모든 통제권을 잡은 뒤 무모한 배팅을 하면서부터 시작되었다. 그는 실패했고, 베링스는 그와 함께 몰락했다.

조직 문화에 기반하여 보상과 평가 규정을 마련하는 데는 세 가지 접근법이 있다. 각각이 가진 문화의 특성에 따라 게임의 규칙이 정해지지만, 각 문화에서 각기 다른 종류의 성과를 얻을 수 있다.

규범에 기반한 문화

규범에 기반한 문화를 대표하는 것은 관료제다. 이곳에서는 관리자들에게 큰 파워를 주며 계급이 올라갈수록 파워도 증가한다. 목표가 더 많아질수록 관리자들도 통제해야 하는 것들이 많아진다. 관리하면서 파워가 부족하다는 것을 느끼면 이 문화에서는 더 큰 파워와 통제력을 준다. 그러나 이것이 높은 성과를 내는 데 반드시 필요한 것은 아니다. 오히려 고도의 성과를 내는 것보다 성과가 최소화되는 복종 문화를 만들어낸다.

이 문화는 시간이 흐를수록 더 많은 규범을 만들고, 그 규범을 확인하는 검열 문화를 강화하는 경향이 있다. 영국 보건복지부는 76개의 임상 직무 평가와 56개의 조직 직무 평가, 그 외 몇 가지 평가에 대해 상세한 설명회를 개최했다. 그들이 얻는 보상은 이러한 130여 가지 사항을 얼마나 달성하느냐에 달려 있었다. 그러나 아무도 그 130가지 사항을 기억할 수 없기 때문에 사람들은 각자 의미 있는 방식으로 이를 알아서 수행했다. 대부분의 사람들은 세 가지 이상의 목표를 한 번에 기억해내지 못한다.

마이다스의 손 : 당신의 소망을 조심하라

디오니소스는 자신을 도와준 답례로 마이다스 왕의 소원을 한 가지 들어주겠다고 했다. 마이다스 왕은 자신의 손이 닿는 것은 무엇이든지 황금으로 변하게 해달라고 말했고, 그의 소원은 이루어졌다. 돌이나 나뭇잎이 그의 손에 닿자마자 황금으로 변했고 그는 기쁨에 찼다. 그는 신하에게 그의 행운을 축하할 성대한 만찬을 준비하라고 지시했다. 그러나 그가 만찬을 즐기기 위해 음식에 손을 대자 음식이 황금으로 바뀌어버렸다. 충격을 받고, 와인을 마시고자 와인 잔을 손에 든 순간 와인도 황금으로 바뀌었다. 그리고 그가 딸을 껴안자 공주도 황금 석상으로 변해버렸다.

마이더스는 그의 행운을 저주했다. 그는 디오니소스에게 이 재앙에서 벗어나게 해달라고 사정했다. 디오니소스는 그에게 강으로 뛰어들라고 말했다. 마이더스는 강으로 뛰어들었고, 강은 황금으로 바뀌었다. 그리고 그가 강물에 빠져 죽자, 그의 저주가 풀렸다.

원칙에 기반한 문화

원칙에 기반한 문화도 규범과 평가 기준들을 따른다. 그러나 규범에 기반한 문화보다는 덜 광범위하게 적용된다. 그들은 종종 '고객만족' '독창성' '팀워크' 같은 질적인 평가 잣대를 사용한다. 이 문화는 전문적인 서비스를 제공하는 회사(법률, 컨설턴트, 회계)에 공통적으로 적용된다. 그러나 이러한 성과를 질적으로 평가하는 회사들에서는 측정 잣대를 규정하는 것 자체가 어렵다.

예를 들면, 인사부서의 성과를 측정하는 것은 쉽지 않다. 사람들을 얼마나 고용하고 해고했는지 물어볼 수는 없는 노릇이기 때문이다. 이들 대부분은 운영부서에 의해 결정된다. 이익 정책조사에서 얼마나 빠르게 답을 얻을 수 있느냐 같은 것을 세부적으로 평가하는 것은 아무 소용이 없다. 아주 단순하게 사용하여 이런 평가를 오용할 수도 있다. 작게는 그들이 모든 응답을 얼마나 빨리, 제대로 했느냐 같은 질문을 하여 상대가 그것이 가치 있는 것이라고 여기도록 속여 넘길 수 있다. 다음과 같은 간단한 질문으로 원칙에 기반하여 측량할 수 있도록 하라.

- 직원들의 최고의 재능을 이끌어내고, 이를 유지할 수 있게 하였는가?
- 이번 신규 모집의 지원자 자격 커트라인이 높아졌는가?
- 수익 정책을 공정하게, 비용을 효율적으로 관리하였는가?

■ 조직 문화에 적합하게 구축하였는가?

이 질문에 대한 정직한 대답들이 신뢰의 척도라고 가정할 수 있다. 이는 규범에 기반한 문화에서는 가정할 수 없는 것이다. 신뢰가 남용되면 성과를 많든 적든 보장할 수 없다. 신뢰 기반이 잘 구축되어 있다면 원칙에 근거한 접근은 규범에 기초한 문화보다 더 많은 성과와 혁신을 가져온다.

임무와 가치에 기반한 문화

규범에 기반한 문화의 정반대 편에 있는 것이 임무와 가치에 기반한 문화이다. 여기에서는 모든 것이 평가된다. 그러나 그들은 평가가 끝나도 모든 것이 끝났다고 생각하지 않는다. 측정된 결과는 다음 단계로 가기 위한 하나의 단계로 여겨진다. 복지 분야에서는 포교를 이끌어낸다. 자선을 위한 목적에서 시작된 것이 종종 다음과 같은 '불평등 해소' '아동 빈곤 퇴치' '개발도상국의 기아 퇴치' 같은 구호들을 널리 퍼뜨리는 것이다.

티치 퍼스트(Teach First, 영국의 비영리 교육 기구)의 임무는 전형적이다. "전 분야에 걸쳐 뛰어난 대졸자들을 모집하여 그들을 유능한 선생님과 뛰어난 지도자로 만들어냄으로써 교육 불평등을 해소하기 위한 모임"이다. 이는 평가하기에 막연한 목적이다. 그렇지만 조직의 모든 것은 그렇게 진행되고 있다. 그들은 이 가치와 목적을 공유하고 있는 사람들만을 모집하고, 지원자들을 리더나 선생님이 되는 데 성공적으로 이끌어줄 전문적인 지원 프로그램을 개발하고 있다. 당신이 무보수로 일한다고 해도 조직은 측정하고 평가할 수 있다. 목적은 강연자에게 보상을 주는 것이 아니라 (어쨌든 보상은 없다) 조직의 개입이 티치 퍼스트가 그들의 임무를 수행하는 데 얼마나 도움을 주었는가에 있다. 제대로 작용했다면, 그들은 더욱 그 임무를 수행하려 할 것이다. 제대로 작용하지 않았다면 그들이 하고자 하는 일을 바꾸려 들 것이다. 임무와 가치에 기반을 둔 조직에서 측정은 학습과 개발에 대한 것이지 즉각적인 보상에 있는 것이 아니다.

보상과 평가에 관한 정치적 접근법

누구든 자신들의 조직 문화와 부서 문화 안에서 살아가고 있다. 당신이 규범에 근거한 조직 문화에서 살고 있다면 규범에 의해 행동하라. 이는 무조건 규범에 순응하라는 것이 아니다. 당신의 이익을 위해 규범을 교묘하고 솜씨 있게 조종하라는 것이다. 그렇게 함으로써 당신이 수행해야 하는 수많은 측정 잣대를 달성한 것처럼 보일 수 있다. 당신이 원칙이나 임무에 기반한 문화에 살고 있다면 초과 성과를 이룩해내면 된다.

당신에게 보상과 평가 방법을 만들 수 있는 재량이 부여되어 있다면 당신은 선택을 할 수 있다.

- 규범에 근거한 평가와 보상이 당신에게 큰 파워와 통제력을 부여해줄 것이다. 그러나 이것은 일반적으로 당신에게 뛰어난 성과를 안겨주지는 않을 것이다.
- 원칙과 임무에 기반한 평가와 보상은 신뢰를 요구한다. 당신의 세부 사항을 통제할 수 있는 힘은 매일 조금씩 줄어들 것이다. 그러나 그들은 당신에게 뛰어난 성과를 안겨줄 것이다.

정치적 능력이 뛰어난 관리자들에게 보상과 평가는 필수이다. 파워와 성과는 대립되는 가치이다. 매일 진행하는 일의 세부 사항을 통제하는 권한이 커지기를 바란다면 특출난 성과를 기대해서는 안 된다.

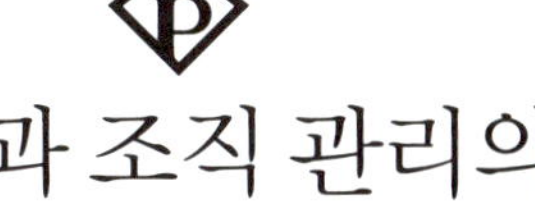

직원과 조직 관리의
중요성을 파악하라

50년 전, 노스코트 파킨슨(C. Northcote Parkinson)은 조직생활에 관한 불변의 법칙을 주장했다.

"공무원들은 같은 계급의 경쟁자보다 부하 직원을 충원하기를 바란다."(『파킨슨 법칙』, 존 머레이, 1958)

이는 제2차 세계대전 이후 식민지들이 독립하던 시기에 대영제국이 쇠퇴하는데도 식민성(省)의 공무원 수는 증가한 것을 두고 한 말이다. 이것은 일과 직원 수 사이의 역설 관계를 설명한 것이기도 하다.

오늘날 수많은 관리자들에게 그들이 관리하는 부하 직원의 수는 그들의 중요성을 파악하는 필수적인 신호이다. 정치적 능력의 관점에서 보자면 이는 명백한 실수이다. 일을 하는 능력은 당신이 데리고 있는 사람들의 수에서 나오는 것이 아니기 때문이다. 이는 당신의 관리 능력과 부하 직원들의 자질에서 나오는 것이다. 예를 들어 당신이 방갈로르(인도 카르나타카 주에 있는 도시)에서 800명의 사람들을 데리고 콜센터를 운영하고 있고, 본사에서는 8명의 사람들과 함께 기획부서를 운영하고 있다면, 진짜 파워가 어디에 있는지는 명백하다. 고객 관리를 하는 데는 800명의 콜센터 직원들이 훨씬 유용하지만, 실제로 파워는 8명의 기획부서 직원들에게 훨씬 더 많다. 800명의 콜센터 직원들이 본사에 있는 기획부 직원들을 몰아내는 것보다 8명의 기획 직원들이 방갈로르에 있는 800명의 콜센터 직원들을 제거하는 것이 훨씬 쉽다. 파워는 단순히 숫자 싸움이 아니다.

제일 먼저 해야 할 일은 당신이 당신의 팀에 적절한 사람들을 데리고 있는지 확인하는 것이다. 최고의 성과를 내는 사람과 최저의 성과를 내는 사람의 성과에는 엄청난 차이가 있다. 최고의 관리자 한 명은 부하 직원 4명이 할 몫을 전부 해내면서 그들의 3배에서 5배 정도의 성과를 낸다. 최고의 재능을 얻는 데 인색하게 굴지 마라. 이 재능을 얻는 데는 세 가지 방법이 있다.

첫째, 내부에서 최고의 재능을 알아보고 그들에게 구애하라.

인사 시스템이 유능한 사람들이 누구인지 보여주고 있지만 그것보다 사람들의 입소문이 당신에게 필요한 사람이 누구인지 더 정확히 알려준다. 장기적인 구애 작전으로 생각하라. 당신의 영역에서 일어나고 있는 일에 대해 수개월에 걸쳐 그들에게 조용히 떠벌리고 열정을 보여주라. 그들에 대한 당신의 관심을 보여주고 신뢰를 쌓아라. 당신의 팀에 사람을 데려오는 데에는 투자가 필요하다.

둘째, 어려운 공을 쳐라.

당신의 필요에 충족되지 않는 사람이라면 당신의 팀에 받아들이지 마라. 필연적으로 인사부서는 검증되지 않은 새로운 사람을 배치시켜서 그들을 검증하고 어디에 적합한지 알아보려 할 것이다. 이 사람들을 지그시 바라보라. 종종 발견되지 않은 재능을 가진 사람이 튀어나올 수도 있고, 또 종종 대단한 인재가 관리 소홀로 실패하는 것도 볼 수 있을 것이다. 이런 사람들을 당신의 팀으로 끌어들일 준비를 하라. 그리고 그들을 데려와서 최고의 인재로 써라.

셋째, 당신이 원치 않는 사람은 제거하라.

새로운 자리에 임명받으면 당신이 원래 속해 있던 팀이 그대로 살아남으리라는 기대는 버려라. 새로운 CEO가 임명되면 그해 안에 얼마나 많은 팀이 바뀌는지 생각해보라. 당신이 사람들을 제거할 필요는 없다. 단지 그들 스스로에게 필요하지 않은 존재라는 것을 느끼게 하여 불만을 가지고 알아서 퇴장하게 하라. 혹은 그들이 더 적합한 자리를 찾을 수 있도록 도와주라. 이것이 현실이다. 당신의 충성심은 조직 전체를 성공적으로 이끄는 데 발휘하는 것이지, 필요 없는 누군가의 자리를 보존해주는 데 쓰는 것이 아니다. IBM은 매년 성과 지표에서 최하위에 있는 10퍼센트의 사람들을 노골적으로 조롱하는 전략을 사용한다. 조직에서의 생존이 개인적으로 생존하는 것보다 우선한다.

많은 관리자들이 빠지기 쉬운 함정은 자리가 비었다고 해서 그 자리를 채워야 한다는 것이다. 이것을 피하라. 그 일에 적임자가 나타날 때까지 공석을 채우지 마라. 당신의 팀에 필요한 자질을 끌어올릴 수 있는 사람만 데려오라. 고속으로 인력 충원을 하고 평생 후회하지 마라.

당신은 적임자를 찾아낸 다음에는 그들을 관리할 능력이 필요하다. 당신의 팀이 왕족들에게 둘러싸여 있다면, 당신은 그들의 파워를 깨고, 그들의 의제대로가 아니라 그들이 당신의 의제대로 일하게 해야 한다. 통제력을 얻고 싶다면 다음의 것을 먼저 시작하라.

- 신뢰를 구축하기
- 모든 사람들이 따를 수 있는 명확한 의제 창출하기
- 명확한 보상과 평가 규정 마련하기
- 주요 자원들을 통제하기. 특히 예산을 통제하기

종종 당신은 완전한 통제권을 얻기 위해 조직을 재구축해야 할 필요를 느낄 수도 있다. 어떻게 이것을 얻을 수 있는지는 다음에 나오는 조이스의 이야기를 읽어보자.

조직의 말에 올라타기

조이스는 '유러피언 시스템즈'에서 장으로 임명되었다. 그녀는 합리적으로 일을 잘해낸 기존의 팀을 물려받았다. 그러나 그들이 그녀를 환영하지 않는다는 것은 너무나 확실했다. 이유는 두 가지였다. 첫째, 그녀가 여자이고, 둘째, 그녀가 미국인이라는 점에서였다. 그녀는 유럽 소년 클럽에서 환영받지 못한 것이다. 그곳은 각각의 국가들이 자기만의 권리와 파워를 어느 정도 실질적으로 휘두르는 클럽이었다. 그들은 짐짓 점잔을 빼며 그녀에게 각국이 얼마나 다른 문화와 경제 기반을 가지고 있는지에 대해 설명하고, 이에 따라 각기 다른 접근법이 필요할 것이라고 충고했다.

이 지역적인 힘을 행사하는 왕족들로부터 모든 이야기를 듣고 한 달이 지나서, 그녀는 그 자리에 있는 것이 파워도 없고 위험하기만 할 뿐이라는 것을 깨달았다. 실제로 모든 파워는 국가 수준별로 행사되었다. 그래서 그녀는 재정팀, 정부팀, 관광팀 등 산업별 그룹으로 조직을 개편했다.

중간 관리자들은 그녀의 이러한 개편 노력에 대해 냉소적으로 한숨을 내쉬었다. 그들은 이전에도 이런 과정들을 보아왔던 터였다. 지역별 그룹에서 기능별, 산업별 그룹으로 재조직된다 해도 결국 다시 지역별 그룹으로 돌아왔던 것이다. 그들은 다음의 조직 재개편이 언제 이루어질지에 대해 궁금해했다.

그러나 그들은 핵심을 잘못 이해했다. 그녀는 조직 재개편을 전문성을 개발하고 산업 분야를 다양화하는 데 초점을 맞추었던 것이다. 물론 조이스의 진짜 목적은 통제권을 얻는 데 있었지만 말이다.

저항의 아수라장 한복판에서 그녀는 최고의 팀을 재조직했다. 그녀는 그 과정에서 최고 관리자 둘을 제거했다. 공식적인 집행은 눈에 띄는 영향력을 미쳤다.

조직 재개편이 이루어진 후에 이 지역의 왕족들은 수동적으로 으르렁거릴 뿐이었다. 그들은 더 이상 국경선 뒤에 숨을 수가 없다는 것과 새로운 게임의 법칙, 즉 조이스의 게임을 배워야 한다는 것을 깨달았다. 그녀는 자신의 팀이 지역적인 방해에 강하게 대처하고, 국경을 넘나드는 기능적, 산업적인 제휴를 하기 위한 지지를 이끌어내는 모습을 보고 흐뭇해할 수 있었다. 그리고 그녀는 지능적인 논쟁들이 실제로는 정치적인 논쟁이라는 것을 깨닫게 되었다.

지식 경제에서의 지식과 파워

'아는 것이 힘이다'는 파워에 관한 공통적인 믿음 중의 하나이다. 이는 또한 큰 혼란의 근원이기도 하다. 왜냐하면 지식은 사람들마다 각각 다르기 때문이다. 어떤 사람들은 지식이란 정보나 기술(노하우)이라고 생각한다. 정치적 기술의 측면에서 보면, 알아야 할 가치가 있는 정보에는 세 종류가 있다. 그것은 비밀 정보, 정치적인 정보, 불일치하는 정보이다. 그리고 더 중요한 점은 이것을 어떻게 사용할 수 있는가이다.

세 가지 중에 정치적인 정보가 가장 최상의 가치를 지니며 PQ가 높은 관리자에게 가장 위험이 적다.

비밀 정보

비밀 정보는 누군가가 당신에게서 알아내고 싶어하는 지식에 지나지 않는다. 넓게 보자면 '아는 것이 힘이다'라는 말의 기원이라 할 수 있다. 영국은 제2차 세계대전에서 에니그마 코드를 해독하여, 그것을 가지고 독일 유보트(U-boat)의 모든 암호화된 것들에 접근했다. 이것이 비밀 정보이다. 영국은 이 덕분에 대서양 전투에서 승리할 수 있었다.

미국의 에드거 후버(J. Edgar Hoover)는 1923년부터 1972년까지 FBI 국장이었다. 몇몇 대통령들이 그를 제거하고자 했음에도 그는 수많은 정치가들에 관한 당혹스러운 정보들을 움켜쥐고 있었던 덕분에 유효기간이 지난 후에도 폐기처분되지 않고 살아남을 수 있었다. 이것이 비밀 정보다.

비즈니스의 세계에도 조직의 스파이 활동에 헌신을 하는 숨은 산업이 존재한다. 그러나 실질 업무를 수행하는 관리자들 대부분에게 비밀 정보는 성공으로 가는 사다리가 아니다. 공갈 협박이란 수단으로 살아남을 필요가 있다면 이미 그것은 잘못된 것이다. 성공으로 가는 데는 그보다 더 쉬운 방법들도 많다.

정치적인 정보

정치적인 정보는 비밀스러운 것이 아니지만 이를 발견하기란 어렵다. 비즈니스 세계에서 정치적인 정보는 공식적인 정보 시스템 위를 지나가며 조직 내에 실제로 일어나고 있는 일을 전체 수준에서 알게 해준다. PQ가 높은 관리자들이 공식적인 정보보다 신뢰하는 비공식적인 정보의 종류는 다음과 같다.

- 조직 재개편에 관한 소문이 진실인가? 무슨 일이 일어나게 될 것인가? 그리고 내게 어떤 영향이 미칠까? 나는 어떻게 대처해야 하는가?
- 승진 과정은 실제로 어떻게 이루어지나? 어떻게 하면 기회를 잡을 수 있는가?
- 내가 진정으로 원하는 업무를 얻기 위해 무엇을 해야 하는가?
- ○○부서에서 나온 재무적인 숫자들이 진짜 의미하는 것은 무엇인가?
- 내년 예산 협상은 어떻게 이루어질까? 내가 그것에 대해 긍정적으로 영향을 미칠 수 있는 방법은?
- 이 새로운 비즈니스 아이디어 뒤에 숨겨진 진짜 리스크는 무엇인가? 그들은 내게 무엇을 숨기고 있는가? 이 제안서를 믿어도 되는가?

이러한 것들이 사람들에게 실질적으로 가치 있는 정보이다. 이것이 바로 사람들이 옥상에서 수다를 떠는 이유이고, 사내의 사건들에 가치를 부여하는 이유이다. 교육과 연설이 충분히 사용되지 않더라도 네트워크를 만들고, 누가 무엇을 하는지, 실제로 어떤 일이 일어나고 있는지를 아는 것은 매우 가치 있다. 이것이 비밀 정보의 반대편에 있는 정치적인 정보를 만들어낸다. 모든 사람들이 비밀 정보는 비밀로 유지하고자 한다. 하지만 정치적인 정보는 가능한 한 많이 공유된 정보에 기반한다. 당신의 네트워크가 넓고 깊어질수록 정치 정보는 더 향상될 것이다. 당신의 정치적인 정보를 다른 사람들과 공유할 준비를 하라. 정보를 혼자 가지고 있지 말고 유통시켜라.

심지어 CEO들도 쉴 새 없이 정치 정보를 찾는다. 당연하게도 그들은 자신들이 매일 말하고 다니는 정보를 믿지 않는다. 그들은 그 정보가 한쪽으로 편향되어 있다는 것을 알고 있기 때문이다. 명백하게 비공식적인 대화의 상당수가 그들에게 매일 실제로 일어나고 있는 일이 무엇인지 알려준다. 그리고 그들은 정보 뒤에 있는 진짜 정보를 찾아낸다.

정보를 실행하라

P&G는 거대한 마케팅 기계로서 자신들의 명성을 유지해왔다. 이곳은 거대한 소문 가게이다. 이 회사의 직원들에게 경쟁사는 유니레버가 아니다(차라리 이것이 더 쉽다). 그들은 서로 간에 죽음의 경쟁을 하고 있

다. 경쟁 브랜드 사이에서 발생하는 문제 같은 것들은 사소한 문제에 속한다. 진짜 경쟁은 누가 승진하고, 누가 해고되느냐에 관한 것이다. 그들은 커피 자판기 앞에서, 또 술집에서 누가 올라가고, 누가 나가떨어질지에 대한 이야기를 하면서 많은 시간을 보낸다.

마케팅 부서 직원들은 기업가적이고 타산적인 성향이 강하다. 그들은 누가 다음 승진 자리를 차지하게 될지, 누가 해고될지에 대해 줄줄이 읽어낼 수 있다. 내기 돈을 걸고 내부 정보를 모으는 데 혈안이 되어 있다. 시간이 지나면 상급 관리자들과 인사부서의 불쾌감이 증폭되는 만큼, 그 정보의 정확성에 대해 판단할 수 있게 된다. 우리 대부분에게 그 정보는 매우 유용하다. 이것은 '성과'라는 말뚝 위에 서 있는 우리에게 가장 거리낌 없는 평가인 것이다. 이것은 애매하고 듣기 좋은 말로 포장된 공식적인 평가 시스템보다 훨씬 정확하고 정직하다.

여기서 언급된 가능성들은 일반적인 지식의 축적 결과이다. 우리는 누가 어떻게 일하고 있는지, 중역들이 서로에게 어떤 작용을 하고 있는지를 관찰한다. 우리는 승진 과정과 관계 있는 모든 사람들과 친분을 맺는다. 그리고 헤드헌터와 가깝게 지낸다. 그들은 누가 어디에서 직업을 구하고 있는지, 누가 일을 잘하는지 등에 관한 매우 좋은 내부 정보를 가지고 있다. 하나의 정보 자체가 가지고 있는 신호는 없지만 집합적으로 모인 정보와 전체 부서를 분석한 것들은 매우 적절하고 유용하다. 물론 우리가 시장과 외부 경쟁자들에 관한 정보를 얻는 데 시간과 노력과 독창력을 모두 쏟아 붓는다면, 훨씬 더 나은 성과를 올릴 수 있다.

불일치하는 정보

불일치하는 정보는 대부분의 협상에서 기본적인 장벽으로 나타난다. 구매자든 판매자든 사람들은 자신들의 한계, 제약 사항, 이윤, 선택 사양 등을 공개하기를 꺼린다. 이것은 회사 밖에서든 회사 내에서든 진실이다. 표준 운영 절차는 재정부서가 당신의 올해 예산에 있는, 그리고 다음 해 예산으로 제출한 것 중 어디가 얼마만큼 부풀려졌는지 알 수 없다는 데에 대한 대책을 강구하기 위한 것이다. 당신은 그들보다 당신의 업무에 대해 훨씬 잘 알아야 한다. 그래야 예산을 당신의 의지대로 조정할 수 있다. 당연히 재정부서는 자신들의 정보 열세를 만회하기 위해 노력할 것이다. 그들은 그 부풀려진 예산을 제거하고, 그들이 더 낮게 사용할 수 있다고 생각하는 곳에 당신의 예산을 떼어줄 것이다.

불일치하는 정보는 비밀 정보의 순화된 모습이다. 이것은 조직 내에서 주의를 기울여 취급되어야 한다. 단기적으로 당신은 제안서에 있는 정보를 숨기고 이익을 위해 모든 정보를 교묘하게 만들어 놓음으로써 예산 싸움에서 승리할 수 있다. 그러나 이것은 장기적으로 당신에게 가치 있는 영향을 미치지는 못한다. 다른 관리자들, 특히 당신의 상사들이 당신이 보여준 숫자들이 진실하지 못할 수 있다는 것을 이런 과정을 통해 배우기 때문이다. 그러면 다음번에는 그들을 설득하는 것이 두 배로 힘들어질 것이다. 그리고 잃어버린 신뢰는 돌아오지 않는다.

모든 사람들은 이익을 위해 정보를 사용하고 어떤 게임을 하고 있다. 그러나 게임을 너무 지나치게 하면, 당신은 신용을 잃어버릴 것이다.

프로젝트 관리

성공적인 관리자는 자신의 분야를 익히고, 프로젝트를 성공적으로 집행함으로써 빛을 발하기 시작한다. 처음 일을 시작했을 때 주어진 프로젝트는 작았겠지만, 경영진이 될 무렵에 수행하는 프로젝트는 점진적 합병 계획과 같은 아주 거대한 것이 될 것이다. 프로젝트는 관리자들을 시험하고 개발한다. 공식적인 권력을 전혀 가지고 있지 않을 때에도 프로젝트의 기초 업무는 어떤 일을 발생시키는 것과 관계가 있다.

대표적인 프로젝트 관리는 프로젝트를 잘 운영하는 세부적인 기술들에 초점을 맞추어야 한다. 이런 것들을 알아두는 것은 가치가 있지만 그것이 프로젝트의 성공이나 실패를 가져다 주지는 않는다. 성공과 실패는 당신이 다음의 세 가지 변화를 얼마나 잘 관리하느냐에 달려 있다.

- 합리적 측면 : IQ
- 정치적 측면 : PQ
- 감성적 측면 : EQ

당신이 누군가에게 프로젝트의 기술적인 측면을 넘겨주려 한다면, 시장에는 상대적으로 낮은 비용으로 이용할 수 있는 기술적인 프로젝트 관리자들이 많이 있다는 것을 알게 될 것이다. 어떤 일을 도모한다는 점에서 프로젝트 관리의 기술적인 측면은 중요성이 가장 떨어진다. PQ가 높은 유능한 관리자들은 프로젝트의 기술적인 측면에 초점을 맞출 뿐만 아니라 전체 변화의 정치적, 감정적 측면까지 고려한다. 프로젝트 자체는 더 넓은 변화의 기술적인 측면일 뿐이다.

프로젝트를 통해 어떤 일을 시작하려고 한다면 당신은 변화에 대한 합리적, 감정적, 정치적인 측면을 모두 성공적으로 다루어야 한다.

돌출된 부적절성

에드는 매우 기뻤다. 그는 막 두각을 나타낼 수 있는 중요한 프로젝트 관리자로 임명된 것이다. 그는 수년간 프로젝트 매니저로 일하면서 그에 필요한 자질이 무엇인지 잘 알고 있었다. 그리고 이것은 그에게 기회였다. 이 프로젝트는 세 개의 다른 회사들 사이에 합자가 이루어지는 것으로 특별한 도전이었다. 그는 핵심적인 위치였다. 중립적이고 유능한 관리자로 그는 각기 다른 분야와 우선권들을 겨루고 있는 사람들이 협력하여 일하게 해야 했다. 만약 정말 잘 해낸다면 그는 언젠가는 CEO가 될 수도 있었다.

에드는 일을 시작했다. 모든 사람들을 인터뷰하고, 위험과 특이사항을 기록하고, 자신이 규정한 200여 개의 위험과 이슈들을 잠재적으로 교정하였다. 그리고 자신이 발견한 이슈, 질문과 문제들이 있는 회사를 자신의 방식대로 짜 맞추는 것에 대한 기술적인 조언을 얻고자 변호사들과 연락을 취했다. 그는 우리가 한 해에 이룩한 모든 것을 잃어버릴 큰 위험이 있는 비즈니스의 계절적 특성을 보여주는 퍼트 도표(PERT, 계획 내용인 프로젝트의 달성에 필요한 전 작업을 작업 관련 내용과 순서를 기초로 하여 네트워크상(狀)으로 파악하는 계획의 평가검토기법)와 갠트 도표(GANTT, 갠트가 고안한 관리 도표. 시간으로 구분한 도표에 계획을 써넣고 그 계획에 따른 시간의 실적을 시간에 따라 기입한다. 일정한 시점에서의 계획과 실적을 한눈에 파악할 수 있다)를 이용하여 스케줄을 짰다. 그는 전체 프로그램에서 돌출된 세 파트너사들 사이에 있는 수많은 차이점들을 규정했다. 그는 프로젝트를 완벽히 지배하고 있었다.

그러나 그는 너무 오만했고, 너무 돌출되는 행동을 했다. 그래서 우리는 그를 해고했다.

경영관리 부서는 파트너들 사이에 수많은 위험과 이슈, 차이점들이 존

재한다는 것을 알고 있다. 그들은 거기에 시간의 압력이 있다는 사실
도 알고 있다. 만약 이 모든 것들에 대해 우려할 점이 전혀 없다면, 결
코 어떤 것도 얻을 수 없다. 서로 간의 논쟁을 묻어두고 가는 것이기
때문이다. 문제와 분석에 초점을 맞추는 대신, 그들은 해결책과 실행
방안에 집중한다. 속도는 매우 빠르고, 정책들은 필연적으로 긴장의
줄이 팽팽하게 당겨져 있다. 정책들은 프로젝트 관리자가 따라잡는 것
보다 여섯 걸음쯤 앞서가는 경향이 있다. 관리자는 이미 해결된 지난
주의 문제들을 기록하고 있고, 우리가 그로부터 숨기기고 있는 이번
주의 문제는 전혀 알지 못한다.

 거대한 압력 아래서, 이 출발이 큰 성공이었음이 판명되었다. 전문 프
로젝트 관리자들 없이, 리더십 팀은 그 프로젝트를 다음의 사항에 의
거하여 잘 이끈 것이다.

- 문제와 분석이 아닌 해결책과 실행 방안에 초점을 맞추기
- 정책과 사람들에 대해 적극적으로 관리하기
- 세세한 것들에 끌려 다니지 않고 큰 이슈들을 다루기

합리적 프로젝트 관리

합리적인 프로젝트는 일반적으로 위험 관리에 관해 세부적으
로 초점을 맞추고, 비평적 진로 분석에 기반해 프로젝트의 스케
줄을 만드는 것이다. 이는 매우 가치 있고 중요하다. 그리고 당신
이 필요한 만큼의 기술자들을 고용할 수 있는지 여부가 여기서 정
해진다.

먼저 정치적인 관점에서 가장 간단하지만 가장 근본적인 질문을 해본다.

"우리가 제대로 된 문제를 풀고 있는 것인가?"

잘못된 질문은 잘못된 대답을 낳는다. 예를 들면, "오스트레일리아의 수도가 어디인가?"라는 질문을 했다면 "캔버라"라고 대답하는 것은 맞다. "우리가 예산을 15퍼센트 정도 감축할 수 있는가?"라는 질문은 아무짝에도 소용없다. 그러면 당신이 제대로 된 질문에 대답하고 있는지 어떻게 알 수 있을까?

첫째, 어디에 고통이 있는가?

프로젝트는 진짜 고통이 있거나 거기에 부가되는 기회가 있을 때 진행하라. 일반적으로 이것은 금전적 가치로 표현될 수 있다. 이 프로젝트를 제때에 시장에 내보내는 것이 우리에게 5백만 달러를 만들어줄 것인가, 비용을 삭감하는 것이 우리에게 천만 달러를 절감시켜줄 것인가 하는 것 말이다. 문화를 바꾼다거나, 지식 기반을 창출한다는 식의 측정할 수 없는 가치를 지닌 기회들은 매우 멋져 보인다. 그러나 이런 것들은 강을 말라붙게 하고, 문제의 첫 번째 징조를 그대로 지나쳐 가게 만든다. 확실한 금전적인 가치가 있는 프로젝트에 투자해야 성공 확률이 높아진다.

둘째, 누가 고통을 느끼는가?

CEO가 진행하는 프로젝트는 결코 실패하지 않는다. 그들은 프로젝트가 성공할 수밖에 없는 전면적인 지원과 직원들, 재정적인 지원을 모두 받는다. 그들이 잘 해내지 못한다고 해도 역사는 CEO가 그 자리에 있는 한 그들이 성공한 것처럼 보이도록 다시 쓰여진다. 역으로 중간 관리자들과 그들의 프로젝트는 제대로 된 수준의 지원과 자금 지원을 받기 훨씬 어렵다. 그들은 그나마도 나누어 가져야 하며, 따라서 실패 확률도 높아진다. 프로젝트는 가능한 한 대다수의 상급 관리자들에게 집중된다는 것은 확실하다. 따라서 당신의 프로젝트가 성공할 경우 당신은 큰 두각을 드러낼 수 있는 것이다.

셋째, 고통이 견딜 수 없게 될 때는 언제인가?

긴급한 프로젝트들은 항상 중요함을 다투지만 그것들 중에 장기 프로젝트는 거의 없다. 장기 프로젝트는 연기되기 일쑤이다(가끔 단기 긴급 프로젝트로 전환되기도 한다). 물론 단기 프로젝트들은 연기되지 않는다.

당신이 크고 즉각적인 재정 지원을 받는 CEO의 프로젝트에서 일한다면, 당신의 팀에는 필요한 직원들과 지원이 충분히 공급될 것이다. 재정 지원을 거의 받지 못하는 중간 관리자들이 진행하는 장기간의 프로젝트보다 훨씬 더 성공할 가능성이 큰 것이다.

그럼에도 불구하고, 대부분의 사람들은 잘못된 선택으로 좌절감을 얻곤 한다. 제대로 된 프로젝트를 선택해서 일하는 것이 당신의 커리어의 상승을 가속시켜준다. 빨리 성공하거나 빨리 떨어지거나, 둘 중 하나의 결과가 기다리고 있겠지만 말이다.

정치적 프로젝트 관리

프로젝트에 승선하기 전에 다음의 세 가지 질문에 답해보라.

1. 제대로 된 프로젝트 후원자를 가지고 있는가?
2. 제대로 된 팀과 함께하는가?
3. 프로젝트에서 나의 위치는 적절한가?

이 질문에는 다음과 같은 대답이 주어질 것이다.

첫째, 제대로 된 프로젝트 후원자를 가지고 있는가?

이 질문은 앞의 "누가 고통을 느끼는가?"라는 질문에 대한 것과 밀접한 연관이 있다. 프로젝트 후원을 하는 중역 대부분이 고통을 느낀다. 후원자는 매일 매일 프로젝트에 참여하는 것이 아니라 그들의 역할은 따로 있다.

- 프로젝트를 생성시킨다.
- 적절한 직원과 재정을 지원해준다.
- 어쩌다 한 번이 아니라 정기적으로 진행 과정을 감독한다.
- 가는 길에 장애물이 있으면 극복할 수 있도록 도움을 준다.
- 프로젝트를 언제 끝내야 할지 결정한다.

당신이 후원자라고 생각하는 사람이 위에서 말한 역할을 좋아하지 않고 그렇게 할 수 없는 사람이라면 다른 후원자나 프로젝트를 찾아보는 것이 낫다.

둘째, 제대로 된 팀과 함께하는가?

당신이 일류 팀과 함께 프로젝트를 진행한다면 설사 일이 잘못되어 팀이 산으로 간다 해도, 그 산은 기껏해야 동네 뒷산에 있는 구릉쯤이 될 것이고, 팀은 대단한 성과를 얻어낼 수 있을 것이다. 그러나 하류 팀과 함께 일한다면, 구릉은 산이 되고, 프로젝트 기간 내내 잠 못 이루는 밤이 이어질 것이다. 좋은 팀의 조건이란 다음의 사항이 적절히 혼합되어 있는 것이다.

- 전문적, 기능적 기술
- 회사 내에 있는 이해 관계자들을 제대로 선택하고 그들에게 접근할 수 있는 기술

■ 사람들 간에 강한 유대관계를 가지고, 정치적 기술이 뛰어난 사람

당신의 프로젝트를 출항시키기 위해 해야 하는 선택이 시급하고 중대할수록, 더더욱 적합한 자질을 가진 팀 멤버들을 구성해야 한다. 정확히 당신이 원하는 사람들로 말이다. 프로젝트를 시작하는 데 필요한 사람들을 얻을 수 없다면, 당신의 정치적 경고 레이더 시스템이 위험 신호를 보내기 시작할 것이다. 당신의 후원자가 필요한 거래들을 중재할 수 없을 정도로 나약하다거나, 당신의 프로젝트가 생각만큼 중요성도, 우선권도 가지고 있지 않다면 위험 신호임을 감지해야 한다.

필연적으로 당신은 일급 팀 플레이어가 아닌 몇몇 사람들을 받아들이라는 압력을 받게 될 것이다. 당신의 네트워크를 잘 운용하고 있다면 아직 발굴되지 않은 인재나 신입 사원에 관한 정보를 얻을 수 있을 것이다. 또한 잘못된 상사 아래서 잘못된 프로젝트를 수행한 이유로 고난의 시간을 보내고 있는 사람들에 관한 정보도 얻을 수 있을 것이다. 이런 사람들 중에서 선택하여 일류로만 구성된 당신의 팀원들에게 이들이 필요하다는 것을 설득하라.

셋째, 프로젝트에서 나의 위치는 적절한가?

모든 프로젝트에는 영광스러운 부분과 험난한 부분이 공존한

다. 당신이 다음의 질문에 확실하게 대답할 수 있다면 당신은 제대로 된 위치에 있는 것이다.

- 프로젝트 자체와 함께하는 사람들에 대해 만족스러운가?
- 당신의 기술이 그 프로젝트에 공헌하고 있는 만큼 당신도 배우고, 발전하고 있는가?
- 당신의 공헌에 대해 인정받고 있는가?

필연적으로 "어떻게 내가 그러한 위치인지 알 수 있을까?"라는 의문이 따라오게 될 것이다. 성공한 관리자들은 이렇게 대답할 것이다. "일단 먼저 시작하라."

당신의 네트워크는 당신에게 어느 것이 흥미로운 프로젝트인지, 어느 것이 저물어가는 프로젝트인지 알려줄 것이다. 만약 당신에게 저물어가는 죽은 별 같은 프로젝트가 다가오는 것이 보이면 해리포터처럼 투명 망토를 뒤집어써라. 수많은 다른 프로젝트들을 맡아서 정신없이 바빠 보이게 하거나, 당신이 굳이 하지 않아도 되는 사소한 것들에 자원하라.

반면 흥미로운 프로젝트가 보이면, 투명 망토를 벗어던져라. 당신이 그 프로젝트에 필요한 가능성 있는 유용한 인재라는 것과 당신에게 그 일을 할 시간이 있음을 알려라. 당신이 빨리 관여할수록, 당신이 그 프로젝트에 적합한 방식을 만들어내고, 적합한 역할을 할 수 있는 자리를 따낼 가능성이 커진다. 프로젝트가 공식적으로 발표되면, 이미 너무 늦은 것이다. 주요 사항들은 이미 결정이 되었고, 팀원들도 이미 거의 구축되었기 때문이다. 그런 상황에서는 아무리 잘해도 떨어진 빵부스러기밖에 얻을 게 없을 것이다.

감성적 프로젝트 관리

감성적이라 함은 프로젝트 관리와 연관 있어 보이는 단어는 아니다. 그러나 늦은 밤, 위기, 갈등, 논쟁에 관해 생각해보라. 수동적이거나 공격적인 저항들에 맞부딪히게 되고, 데드라인이 다가오는 것에 관한 긴장, 좌절과 스트레스가 있다는 것을 알게 될 것이다. 감정은 빙하 때문에 침몰한 타이타닉 호처럼 프로젝트를 조용하고 보이지 않게, 치명적으로 침몰시킬 수 있다.

위기와 갈등 같은 도전들은 앞에서 다루었다. 프로젝트는 예측 가능한 감정의 롤러코스터와 같다는 것을 이해할 수 있는 비평적인 시각을 가져야 한다. 이 롤러코스터는 전형적으로 여섯 단계로 구분될 수 있다.

1. 열정적인 시작

당신이 시작할 때까지 모든 사람들은 변화가 필요하다는 것을 알고 있고, 변화를 원하고 있다. 당신은 높은 자리에서 시작하는 것이다.

2. 전력 질주

잘 진행될 프로젝트는 대부분 일찍 성공할 것이라는 조짐이 보인다. 이는 비판과 의심을 잠재울 수 있기 때문에 중요하다. 누구나 우세한 편에 합류하고 싶어하는 법이다.

3. 죽음의 계곡 안으로

서서히 당신의 계획에 반대하는 사람들이 나타날 것이다. 진행 과정에서 갈등과 저항들이 나타날 것이고, 당신이 두려워하던 위험들이 발생할 것이다. 빨리 출발했지만 점점 늪 속으로 가라앉게 하는 갈등이 생기게 된다.

4. 밑바닥

더 이상 악화될 것이 없는 단계이다. 프로젝트가 거의 사장될 만큼 위험스러운 일은 피해야 한다. 사람들은 지금 하고 있는 방식이 더 이상은 가능하지 않다는 것을 깨닫는다. 방향을 바꿔 앞으로 나가야 한다. 여기에서는 과거의 방식을 버리고, 미래를 구축할 수 있는 방법을 시도해야 한다.

5. 오랜 기간의 힘든 등반에 대한 보상

등반은 힘들고 길었지만 긍정적인 결과를 낳았다. 조직과 팀은 문제를 되짚어보고, 분석을 하던 관행에서 벗어나 앞을 보고, 해결책과 실행 방안들을 강구하는 쪽으로 태도를 바꾼다. 프로젝트에 대한 열정이 다시 살아나기 시작한다.

6. 성공적인 마무리

이는 종종 잊어버리기 쉬운 것이다. 프로젝트를 이리저리 방황하게 두지 말고 마무리를 제대로 지어야 한다. 즉, 프로젝트의 성공에 관한 보상은 또 다른 프로젝트이다. 당신은 다시 출발할 준비를 해야 한다.

[표 5-2] 변화 주기

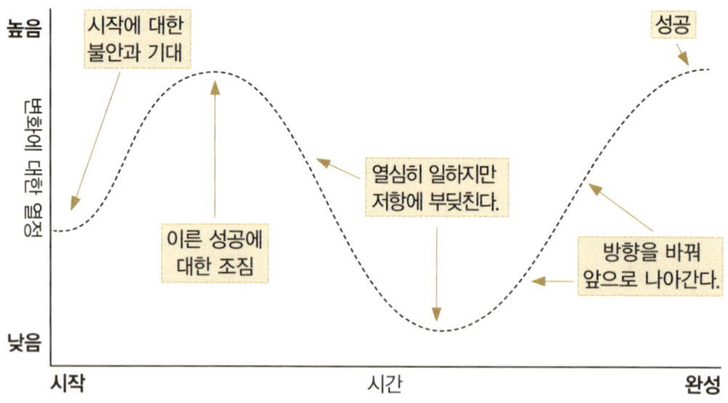

롤러코스터를 타는 최상의 방법은 단단히 붙어 앉아 있는 것이다. 내리려고, 멈추려고, 방향을 다시 잡으려고 하지 마라. 그럼 심각한 상처를 입게 될 것이다. 사람들에게 그들의 감정을 다잡을 수 있는 시간과 공간을 마련해주어 그것이 무엇인지 깨닫게 해준다. 종종 프로젝트에 대한 반대들이 생기겠지만 이는 일시적인 것이다. 당신은 사람들이 프로젝트에 온전히 몰입되어 있지 않은 순간에도 더 앞으로, 더 빨리 그 변화를 따라가야 한다. 그들에게 당신을 따라잡을 시간을 주라. 그들의 염려를 따뜻하게 감싸주고, 탈선하게 두지 마라. 그리고 감정적인 염려에 이성적으로 따지고 들지 마라. 아무리 합당해도 감정과 싸우는 것은 기름통을 지고 불 속으로 뛰어드는 것과 다를 바 없다.

변화의 롤러코스터에 타기

린다는 자신이 문제에 빠졌다는 것을 깨달았다. 그녀가 교장으로 있는 학교는 18개월 안에 문을 닫게 될 예정이었다. 폐교나 폐업은 어느 조직에나 좋은 일은 아니지만 특히 직업 안정성이 강한 선생들에게는 재앙이나 다름없는 일이었다. 새로운 학교가 근처에 개교를 했고, 그녀는 그들에게 모두 새 학교에서 일하게 해주겠다고 약속했다. 그러나 새 학교는 행정부, 가치, 방향, 방식, 경영 등 전체적으로 새로운 것을 추구했다. 비슷한 것이 아무것도 없었다. 어떤 직원들이 환영받는지, 새 학교에서는 어떤 변화가 이루어지고 있는지 알 수가 없었다.

그녀는 선생들과 대화를 시도하고 그들의 이야기를 듣고자 했으나 아무것도 이루어지지 않았다. 어느 날 그녀는 교무실 안에 거대한 소문이 떠돌아다니는 것을 알게 되었다. 좋은 것과 관련된 소문은 전혀 없었다. 린다는 직원들을 데리고 새로운 학교로 가게 되면 일어날 일에 대해 정직하게 털어놓고 대화를 할 필요가 있다고 생각했다.

약간의 절망적인 상황에서 린다는 '변화와 죽음의 계곡'이라는 표 5-2에 제시된 롤러코스터 차트를 만들었다. 그녀는 이것을 교무실에 걸어놓고, 직원들에게 설명해주었다. 수문은 열렸다. 선생들은 자신들이 벌어질 일에 대해 불안해하는 것이 괜찮다는 것을 깨닫자, 털어놓고 그것에 대해 이야기하기 시작했다.

린다와 그 팀에는 뛰어넘어야 할 수많은 장애물들이 여전히 남아 있었다. 그러나 모두들 이 감정의 롤러코스터 단계를 제대로 극복했고, 어떤 일이 일어났으면 하는지에 대해 민감한 대화를 나누는 것이 가능해졌다. 그리고 대부분의 선생들이 그 롤러코스터를 타고, 새로운 학교로 성공적으로 이동했다.

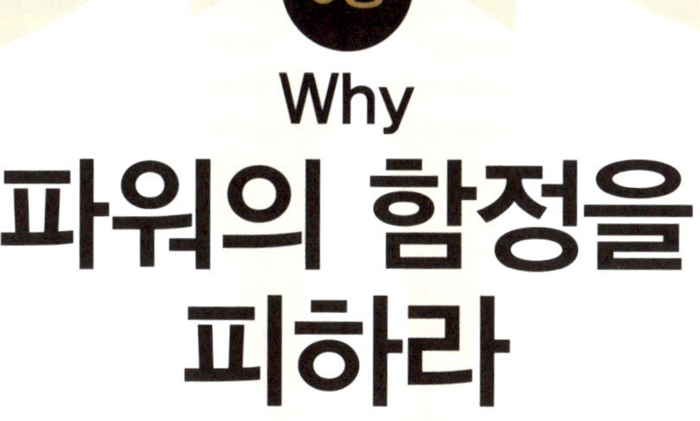

6장

Why

파워의 함정을
피하라

정치 기술은 개인의 이익만을 위한 것일 수도 있지만 어떤 일을 발생시키는 데 기초가 된다는 점에서 반드시 개인적이라고만은 할 수 없다. 파워는 제대로 사용하지 않는다면 쓸모없는 것이다. 리더로서 당신은 일을 발생시켜야 한다. 헨리 키신저(Henry Alfred Kissinger, 미국의 정치인) 식으로 말하면, 좋은 리더란 "사람들을 그들 스스로 도달할 수 없는 어딘가로 데려다 주는 사람"이다. 단순히 집사로 있다거나, 조직이 알아서 가도록 내버려두는 것은 리더십이 아니다. 성공적인 리더가 되고 싶다면 긍정적인 차이점을 만들어내야만 한다.

이번 장에서 우리는 당신이 진짜 리더의 위치에 올랐을 때 어떤 일이 벌어지는지, 그리고 그 권력을 어떻게 하면 효과적으로 사용할 수 있을지, 권력 남용이란 무엇인지에 대해 알아볼 것이다.

- 파워의 환영과 실제를 구분하라
- 파워 의제를 설정하라
- 비합리적인 경영 관리 기술
- 비즈니스 세계의 전투 전략

파워의 환영과 실제를 구분하라

관리자의 자리에 올라가면 이상한 일들이 벌어진다. 당신이 하는 모든 농담은 엄청 우스운 것이 되고, 당신의 미술, 음악, 와인 취향은 훌륭한 것이 된다. 당신의 판단과 아이디어는 다른 사람들보다 더 나은 것이 된다. 사람들은 당신의 얼굴을 보고 행동하기 시작한다. 당신이 시시한 농담을 시도하면 사람들은 지루한 하품을 하는 대신 즐겁다는 듯이 킬킬거리고 웃는다. 당신이 얼빠진 소리를 늘어놓는 동안 한쪽에서 자기들끼리 수군대는 것이 아니라 마치 당신의 말이 지혜의 샘인 양 경청한다. 당신이 어떤 아이디어를 내면 그들은 생각의 여지없이 즉시 행동에 착수할 것이다. 이 파워는 사람들의 머릿속에서 작용하는 것이다. 그들은 이것으로서 자신들이 충성스런 신하의 면모를 보이고 있다고 생각한다. 그들은 아주 간단히 현실을 무시한다. 당신에게 시간과 재화, 권력이 조금이라도 있다면 그들은 당신의 충복이 될 것이다. 상급자로 올라갈수록 당신은 그들이 조금도 중립적이지 않고, 주관적인 논쟁을 하고 있다는 것을 알게 될 것이다.

이 어지러운 공기 속에서 리더들은 종종 다음의 공통적인 함정에 빠지게 된다.

- 활동 vs 결과
- 직위 vs 성과

상급 관리자들이 이러한 덫에 빠지게 되면, 모든 직급의 관리자들도 이 함정에 빠질 가능성이 있다. 이 장에서는 이러한 함정을 살펴보고, 피할 수 있는 방법을 알아볼 것이다.

활동 vs 결과

다음의 간단한 테스트를 해보자. 당신이 정확히 이름을 알고 있는 대통령과 유명 인사는 몇 명이나 되는가? 그리고 당신은 그들을 어떻게 생각하고 있는가? 아무리 많아도 당신은 그들에 대해 한두 가지 사실 이상은 기억하고 있지 않을 것이다. 또한 그들로서는 기억되고 싶지 않을 법한 사실들로 기억하고 있다는 것을 알 수 있을 것이다.

이제 당신이 일하는 업계에서 당신이 이름을 정확히 알고 있는 CEO나 리더들이 몇 명인지 생각해보자. 그리고 그들이 어떻게 기억되고 있는지도. 역시 그들은 당신의 머릿속에 한두 가지 정도의 사실로 기억될 것이다.

당신은 어떻게 기억되고 싶은가? 다음에 제시하는 사실들로 기억되고 싶지는 않을 것이다.

- 업무상으로 대략 10만 개의 개별적인 이메일을 썼다.
- 10만 번의 전화를 했다.
- 1만 번의 회의에 참석했다.
- 지각을 자주 한다.
- 2008년에 예산을 충족시켰다.
- 2018년에 보너스를 받았다.

매우 열심히 일하는 대통령이나 수상처럼, 당신은 이 중 어느 것으로도 기억되고 싶지 않을 것이다. 최소한 한두 가지로만 기억되어도 행운이다.

이 테스트를 하는 것은 다소 쉽다. 20년 후에 올해에 대해 생각하면 어떤 것을 생각하게 될까? 20년 전에 당신은 어땠는지 기억하고 있는가? 이것이 너무 어렵다면 10년 전이나 5년 전에 어땠는지 생각해보라. 당신이 매년 한두 가지 정도만을 기억할 수 있다면 그것이 기회이다. 내게는 어떤 기억도 나지 않는 해가 꽤 많이 있다. 내가 생각한 것은 단 한 가지이다. 죽음에 한 해 더 가까워졌다는 것. 즉, 올해 1년을 낭비했다는 것이다.

명확한 안건, 명확한 목표를 가지고 있지 않다면 방황하게 될 것이다. 없는 목표를 달성할 수는 없다. 이는 PQ의 주요 원칙 중 하나와 직접 연결된다. 파워를 얻고 잘 사용하기 위해서는 명확한 안건을 가져야 한다.

직위 vs 성과

당신은 어떤 사교 파티에 참석했다. 누군가가 당신에게 무슨 일을 하느냐고 물어볼 것이다. 그들에게 뭐라고 대답할 것인가?

대부분의 사람들은 "나는 ○○ 주식회사의 부사장/사장/부장/과장이오"라고 말한다. 이것은 그들이 '무슨 일을 하는지'에 관한 대답이 아니다. 그들은 자신의 위치를 묘사하고, 자신의 자존감을 역설한 것이다. 이는 좋지 못한 사회적 관습이다. 사람들에게 직위와 성과 사이에 혼동을 주기 때문이다.

사람들은 자신들이 좋은 성과를 올리고 근속 연수가 올라갈수록 성공의 사다리를 오르고 있는 것이라 믿는다. 그러나 여기서

한 가지 기억해두라. 새로운 CEO가 될 수 있는 가능성은 첫 5년 안에 결판이 난다. 그렇지 않다면 성공은 없다.

현실은 우리 모두 성과주의 문화 안에서 살고 있다는 것이다. 상급 관리자로 올라갈수록 당신이 해야 하는 업무는 많아진다. 일을 해내는 것은 더욱 어려워지고, 각각의 단계에서 당신은 새로운 게임의 규칙을 배워야 한다. 당신을 성공적인 중간 관리자로 만들어준 기술이, 당신을 성공적인 CEO로 만들어주지는 못한다. 계급에 따른 기술과 기대치는 아주 달라지기 때문이다.

이 함정을 피할 수 있게 도와주는 것이 명확한 의제이다. 당신의 위치, 당신의 명함에 박힌 칭호에 탐닉하기보다 당신이 얻고자 하는 것, 이루어내야 하는 성과에 초점을 맞춰라.

파워 의제를 설정하라

가장 읽지 않아도 될 책을 고르라면, 아마 전 GE의 회장인 잭 웰치(Jack Welch)가 쓴 『당신의 운명을 통제하라. 그렇지 않으면 다른 사람이 당신의 운명을 좌우할 것이다(Control your destiny or Someone Else Will)』일 것이다. 책 제목만 보면, 다른 어떤 내용도 읽을 필요가 없기 때문이다. 이 책에서 가장 중요한 부분은 제목이다. 나머지는 부가 설명일 뿐이다.

당신이 조직에서 어떤 책임 있는 자리에 있다면, 당신은 당신의 영역에서 자신만의 의제를 만들 기회를 가지게 된다. 당신이 그 의제를 만들지 못한다면, 다른 누군가가 당신의 의제를 만들게 될 것이다. 그리고 이것은 당신이 원하는 의제가 아닐 것이다.

당신의 의제를 통제할 수 있다면, 당신의 운명도 당신 손에 달려 있다.

좋은 의제는 과장 없는 비전이다. 마틴 루터 킹처럼 "나에게는 꿈이 하나 있습니다" 같은 것은 당신에게는 필요 없다. 당신이 사무실에서 꿈을 꾸고 있다면, 그것은 그냥 혼자만의 꿈으로 놔두라. 좋은 의제는 훨씬 단순하다. 기본 의제는 세 부분으로 구성되어 있다.

- 여기가 지금 우리가 있는 곳이다.
- 그곳이 우리가 가고 있는 곳이다.
- 이것이 우리가 도달하고자 하는 곳으로 가는 방법이다.

진짜 위대한 안건은 마법의 재료를 한 가지 더 가지고 있다.

- 당신이 우리가 그곳으로 가는 데 중요한 역할을 한다.

이 간단한 이야기를 전달하는 데 처칠이나 킹의 웅변술 같은 것은 필요치 않다. 그러나 잘하고 싶다면 합리적인 의제를 통제할 수 있는 권한을 얻는 것만으로는 충분치 않다. 정치적 의제를 통제해야 하고, 사람들의 마음과 애정을 얻어야 한다. 위험을 무릅쓰고, 더 위대한 리더로 보여야 한다.

적합한 이야기를 하기

시작 : 전문화하다

활력과 대단한 재료들을 가지고 한 시작은 성공적이었다. 다소 휘청거리기는 했지만 성공은 진실이었다. 이 성공은 실제 각오한 것이라기보다 영감과 발한작용 덕택이었다. CEO는 자신이 구축하고자 하는 이야기를 단순화했다. "전문화", 그는 이 한 가지 의제를 끊임없이 집요하게 추구했다. 이는 적절한 자본과 회계 시스템 안에 조직을 놓는 것이었다. 운영방식을 세우고, 실제로 작동하는 IT시스템을 구축한다는 것이고, 2년 동안 90퍼센트의 직원 재배치가 이루어질 것이라는 의미이다. 기업가들은 견고하고, 예측 가능한 시스템을 좋아하지 않는다. 2년의 시간이 끝날 무렵, 그는 열정으로 가득 찬 지속되지 않는 한 무리의 사람들 대신 지속 가능한 조직을 얻었다.

일본 : 글로벌 비즈니스로 통합하다

일본 비즈니스는 완전히 실패했다. 그러나 내가 그것을 경영하지 않는 한, 중요한 일이 아니었다. 나는 단순한 이야기 하나를 만들었다. 우리가 이것을 성공적으로 만들도록 투자한다고, 글로벌 비즈니스의 부분으로 통합하는 것이다. 새로운 회사를 사서 그것을 통합시키려는 시도보다 훨씬 싸고, 더 나은 방법이었다. 내부적으로, 우리는 우리가 다루어야 하는 (국제적인) 클라이언트의 종류, 팔아야 하는 (국제적인) 물건의 종류, 그리고 그를 위해서 (국내적이 아닌 국제적으로 통하기 위해) 우리가 어떤 훈련을 받아야 하는지 에 대해 초점을 맞추었다. 이 투자 이야기를 팔게 됨으로써 (좋은) 투자로서 (좋지 않은) 비즈니스에서 있을 예측 가능한 손실들을 성공적으로 다시 분류해냈다. 이야기들은 믿을 수 없을 만큼 성공적이었다.

학교 : 존중의 문화를 확립하기

교장은 임직원과 함께 학교 내에 존중의 문화를 만들기로 했다. 의복, 행동, 성과에 대한 규정들에 잘 지켜지지 않고 있었다. 존중은 성공을 향해 가장 중요하고, 필수적으로 구축되어야 하는 것이었다. 직원들도 이것이 좋은 아이디어라고 생각했다. 일단 학교에서는 적절한 복장을 갖추어 입는 것이 시작이었다. 그리고 언제나 교실을 깨끗하게 보이도록 유지하고, 학생들이 제출한 과제는 24시간대에 모두 돌려주기로 했다. 일단 이야기를 구축하고 나면, 이는 오랫동안 밀고 나갈 수 있는 것이다.

성공적인 이야기를 구축하기 위해 다음의 두 가지가 필요하다.

- 빨리 치기
- 연합하기

'빨리 친다'는 의미는 누군가가 당신과 똑같은 의제를 공표하기 전에 먼저 당신만의 이야기를 공표하라는 것이다.

누구도 당신의 의제를 믿지도, 받아들이지도 않는다면 당신의 의제를 발표할 필요가 없다. 만약 그렇다면 당신의 아이디어를 다른 사람들이 받아들이고, 따를 수 있도록 재빨리 행동해야 한다. 당신의 의제를 공식적으로 공표하기 전에 그 이야기에 관한 지지와 확답을 구축하라. 당신의 지지 기반들과 이것에 대해 논의하고, 몇 가지 선택에 있어서 그들의 조언을 구하라. 당신이 영리하다면, 당신이 이미 결정해놓은 것을 선택하도록 사람들을 유도할 수 있을 것이다. 마치 당신은 사람들의 조언들을 받아들이고 따르는 것처럼 보일 것이고, 그렇게 되면 이제 공표하는 일만 남았다. 누구도 자신의 의견이 반영되었다고 믿는 아이디어에 반대를 표명하지 않는다.

당신은 적합한 이야기를 해야 한다. 적합한 이야기란 노력과 논의에 관한 것이다. 여기에 필요한 몇 가지 요소는 다음과 같다.

- 여기가 지금 우리가 있는 곳이다.
- 그곳이 우리가 가고 있는 곳이다.
- 이것이 우리가 도달하고자 하는 곳으로 가는 방법이다.
- 그리고 당신이 우리가 그곳으로 가는 데 중요한 역할을 한다.

이제 각각의 요소들을 성공적으로 구축할 수 있는 방법을 알아보자.

여기가 지금 우리가 있는 곳이다

여기가 바로 당신이 도전이라는 그림을 그리는 곳이다. 사람들이 어려움을 겪고 있는 문제를 다룬다면, 당신이 더욱 가치 있는 도전을 하고 있다는 것을 알게 될 것이다. 잠 못 이루며 고생하는 사람이 당신 하나뿐이라면, 그 일은 그저 고달픈 일일 뿐이다. 그러나 많은 사람들이 어떤 문제로 잠 못 이룬다면, 그 일은 가치 있는 일이 된다. 파워의 측면에서 말하자면, 당신은 단순히 당신 부서에 국한된 문제보다 조직 전체가 당면한 중요한 문제를 해결하는 데 더 큰 노력을 기울여야 한다. 큰 문제를 다루게 되면, 당신은 그 큰 문제의 맥락 속에서 지엽적인 문제들을 정리할 수 있다는 것을 알게 될 것이다.

그곳이 우리가 가고 있는 곳이다

이야기의 시작은 도전이다. 그리고 이야기의 끝은 해피 엔딩이어야 한다. 당신은 사람들에게 현재 있는 곳보다 더 좋은 곳으로 데려가 줄 수 있음을 그들에게 보여주어야 한다. 그리고 이것이 당신의 지지 기반이 되는 사람들과 연관이 있다는 것을 확인시켜야 한다.

예를 들어, 앞에서 다루었던 일본의 이야기는 국제 네트워크에서 수익을 창출한다는 내용이었다. 제대로 된 반응은 "그래서, 내게 어떤 이득이 되지?"라는 것이다. 당신은 그것과 관련이 있고, 주목하지 않을 수 없는 이론적인 대답을 해주어야 한다. 각각의 주요 지지자들을 위해, 메시지를 해석하는 방법은 다음과 같다.

- 주주 : 일본에서 새로운 회사를 사는 것보다 이 방법이 이익을 내는 데 더 효율적이다.
- 회사의 글로벌 비즈니스 경영진: 당신의 클라이언트에게 지속적이고 효과적인 지원을 할 수 있도록 비즈니스를 성장시키는 방법이다.
- 국내의 직원들 : 이것은 국내에서 당신의 일자리를 보호해주는 방법이자 당신을 세계 무대로 진출시켜줄 수 있는 기회이다.

이것이 우리가 도달하고자 하는 곳으로 가는 방법이다

이것은 이야기의 시작과 끝을 연결해준다. 바로 이 단계가 이야기를 만드는 데 가장 중요한 부분이다. 왜냐하면 이 묘사가 당신을 과거와 다르게 만들어주기 때문이다. 이것은 마치 슬로건이 만들어지는 과정과 같다. 당신이 끊임없이 그 슬로건을 외치고 다닌다면, 사람들은 당신 얼굴만 봐도 자동으로 당신의 슬로건을 떠올리게 될 것이다. 이를 매우 손쉽게 할 수 있는 방법은 다음과 같다.

- 노력과 논쟁에 초점을 맞춰라.

- 해야만 하는 일을 결정하라.
- 하지 않아야 될 일을 결정하라.

이 의제는 매우 간단해야 한다. 사람들은 10가지 계획 같은 건 기억하지 못한다. 당신의 의제는 당신에겐 매우 중요하고 민감한 것이겠지만, 당신의 동료들까지 모두 공감하기에는 한계가 있다. 그들은 한 가지, 기껏해야 두 가지 정도만을 기억할 것이다. 당신에게 10가지 모두가 다 똑같이 중요하다 해도 말이다.

그들에게 기억시키고자 하는 것을 확실히 하라. 그들이 스무 단어 이상으로 된 문장은 이해할 수 없다는 것을 명심하라. "다음 해 우리는 ~을 할 것입니다"라고 주절대지 말고, "내년에 우리가 할 것은 다음과 같습니다. 비용 절감, 조직의 전문화, 주요 경쟁자 재정의, 고객 서비스 구축, 존중의 문화 확립, 이상입니다"라고 정확히 짚어서 말하는 것이다.

사람들이 행동을 보류하지 않는 한 슬로건은 가능한 한 간단하고 기억할 만하게 만드는 것이 좋다.

내가 처음 미스터 다즈에서 일하기 시작했을 때 나는 고객들의 공감을 불러일으키는 것이 가장 중요하다고 배웠다. 다즈의 관리자로서 나의 첫 업무는 50년 동안 해온 브랜드 광고를 보는 것이었다. 20년간 주요 메시지는 전혀 변하지 않았다. 다즈는 하얀 옷에 좋다는 것이다. 은유적이지는 않지만 다즈의 무수한 이익들

전부를 대변해주는 아주 간단한 핵심 메시지였다. 경쟁 상품 연구팀은 다즈가 경이로운 어떤 것이라고 포장되지 않았다는 것에 대해 걱정을 금치 못했지만, 사실 우리가 성공할 수 있었던 건, 오직 한 가지만을 기억시켰기 때문이다.

이것이 우리가 그곳에 갈 수 있게 돕는 방법이다

조직 사회에서는 어느 누구도 방관자가 될 수 없다. 누구나 다 게임에 참가해야만 한다. 이것은 당신이 동료들에게 게임을 하기 위해 명확한 규칙을 제시해주어야 한다는 것을 의미한다. 당신이 이것을 해내지 못하면 그들은 당신의 이야기를 적극적으로 경청하는 것이 아니라 그냥 스쳐지나가듯 들을 것이다. 앞서 학교의 예에서 보았듯이 교장은 임직원들에게 새로운 존중의 의제에 관한 정확한 역할 모델을 제시했다. 이것은 다음의 것을 의미한다.

- 복장과 위생에 관한 높은 기준
- 제출된 과제물을 24시간 안에 돌려보내는 것
- 역할 모델로서 교실에서 적절한 행동을 하는 것

임직원들이 좋은 역할 모델이 되어야만 학생들에게 존중의 문화에 관한 의제를 설파할 수 있다. 임직원들이 비루하고 게으른 모습을 보인다면, 누구도 그것이 일관성 있게 확립되기까지 지연되는 시간을 넓을 아량으로 봐주지 않을 것이며, 따라서 신용도 확립할 수 없는 것이다.

모든 것을 하나로 결합시켜라

좋은 이야기가 필수적으로 가지고 있어야 할 것은 단순함과 간결함이다. 이는 생각보다 매우 어렵다. 윈스턴 처칠 식으로 표현한다면, 아내인 클레멘타인에게 보낸 장문의 편지의 가장 마지막에 있었던 말로, "너무 긴 편지를 써서 미안하오. 짧게 쓸 시간이 없었소"와 같은 것이라고 할 수 있다. 장황한 웅변은 메시지를 명확히 전달하는 데 독이 된다. 생각이 명확해야 간단히 만들 수 있다.

명확성을 확보했다면, 끊임없이 같은 주장을 반복하려 하지 마라. 같은 것을 다섯 번 말하면 누구도 들어주지 않는다. 당신이 말하는 것을 믿고, 행동으로 보여주라. 요점을 말하기 위해, 여기에 세 번 정도 말한 좋은 이야기의 정수를 다시 쓰겠다. 이 책을 사고 나서 아마 당신의 머릿속에 똑똑히 주입되었으리라 믿는다.

- 여기가 지금 우리가 있는 곳이다.
- 그곳이 우리가 가고 있는 곳이다.
- 이것이 우리가 도달하고자 하는 곳으로 가는 방법이다.

■ 당신이 우리가 그곳으로 가는 데 중요한 역할을 한다.

이 이야기의 핵심은 몇 단어로 표현할 수 있다. 표 6-1은 이미 이야기했던 세 가지 이야기의 해설판이다. 효과적인 이야기의 틀로 만들었다. 각각의 이야기는 매우 단순하지만 2년 동안 나의 조직을 이끌고 중심을 잡아줬던 것들이다.

[표 6-1] 효율적인 이야기의 틀

	시작	일본	학교
여기가 지금 우리가 있는 곳이다.	열정적인, 고도로 스트레스를 받는, 지지할 수 없는(입증할 수 없는) 성공	지역 비즈니스에 집중하면 파산한다.	규범표준과 성취도가 떨어지고 있다.
그곳이 우리가 가고 있는 곳이다.	견고한, 입증할 수 있는(지지받는) 성공	국제 네트워크의 수익	성공을 위한 단단한 기초를 세운다.
이것이 우리가 도달하고자 하는 곳으로 가는 방법이다.	우리가 할 수 있는 모든 것을 전문화한다.	글로벌 비즈니스로의 통합, 현합	존중의 문화 확립
직원들에게 의미하는 바	변화 혹은 이동	글로벌 트레이닝, 직업적 경험, 직장 유지	복장규범, 과제물 돌려주는 기간 등

비합리적인 경영 관리 기술

PQ가 높은 관리자들은 합리성의 한계를 잘 알고 있다. 또한 유능한 관리자들은 선별적으로 비합리적으로 행동할 필요가 있다는 것을 알고 있다. 표 6-2에서 제시한 회사들 간의 전투를 보자.

[표 6-2] 회사들 간의 전투

전통적인 강자들	현재 도전자
제록스	캐논
브리티시 에어웨이/아메리칸	라이언 에어/사우스웨스트 에어라인
GM/포드	도요타/혼다
후버	다이슨
IBM	델

위의 전투는 이제 거의 메이저급 회사들 간의 전투가 되었다. 그러나 시계를 돌려보자. 캐논, 혼다, 라이언 에어가 처음 시작할 때 이들에게는 일반적으로 생각하는 경쟁력 있는 이점 같은 것이 전혀 없었다. 재화도, 기술도, 지식도, 예산도, 유통 시스템도, 챔피언들이 지니고 있는 브랜드의 강점도, 그 어느 것도 가지고 있지 않았다. 혼다 소이치로가 연단 위에 서서 GM을 따라잡겠다고 말했을 때 이성적인 사람들은 모두들 그가 미쳤다고 말했다. GM은 혼다의 존재조차 몰랐다. 그러나 그들은 안다. 합리적인 사람들은 위대한 제국, 위대한 비즈니스 기업을 만들 수 없다.

합리적인 사람들은 꿈을 꿈으로만 남게 하는 수많은 이유들에 귀 기울인다. 그래서 그들에게 꿈은 꿈일 뿐이다. 그들은 야망 같은 것은 결코 가지지 못한다. 합리적인 CEO들은 비용 삭감이 불가피하다는 것, 혁신을 이루기에 지금은 때가 아니라는 것, 다음 분기 수익률이 떨어질 것이라는 등의 수많은 합리적인 이유들에 귀를 기울인다. 결국 그들은 CEO의 자리에 오래 남지 못한다.

비합리적일 수 있는 관리자들은 모든 문제와 모든 변명들에는 귀를 기울이지 않는다. 그들이 듣는 것은 해결책이 있다는, 실행을 하자는 사람들의 목소리이다.

그러나 이들 중 어떤 이들은 모든 것에 대해 비합리적이다. 그래서 그들과 함께, 혹은 그들을 위해 일하는 것은 고통스러울 뿐이다. 사람과 비즈니스 모두를 파괴할 뿐이다. 그렇기 때문에 성공적으로 비합리적일 수 있는 것도 기술이 필요하다. 주요 법칙은 다음과 같다.

- 선택적으로 전투를 하라. 당신 앞에는 수많은 전선들이 있다. 그러나 모든 전투에 참가한다면 당신의 힘은 분산될 수밖에 없고, 그 결과 당신은 모든 전투에서 패배하게 될 것이다. 반드시 이길 수 있는 전투를 골라라. 그리고 당신의 힘을 그 전투에 쏟아부으면, 이길 수 있을 것이다. 다른 전투들은 다른 사람들이 하게 놔두거나 다음에 해도 된다.
- 목표는 타협하지 말되, 수단은 타협해도 된다. 목표를 확대하면 수고와 창조성이 배로 들게 된다. 지혜가 당신에게만 있다고 생각지 마라. 당신의 팀은 어떻게 하면 목적지에 도달할 수 있는지 알고 있을 수도 있다. 그들에게 그들이 목적을 달성할 수 있는 방법에 대해 주인 의식을 갖게 하라. 목적은 목적으로만 남게 하지 마라.
- 당신의 팀을 떠받치지 말고 요구하라. 요구와 천박하게 다그치는 것은 종이 한 장 차이라는 것을 기억하라. 사람들을 힐난하는 것은 그들의 최상의 힘을 끌어내는 데 적합하지 않다. 기준치를 높게 설정하고, 팀원들이 그 기준에 도달할 수 있도록 도와라.
- 실행과 해결책에 집중하라. 문제와 분석에 초점을 맞추지 마

라. 영리한 사람들은 생각하는 데 능하다. 그들이 만들어낸 실
행 방안은 이론으로만 가능한 것이 대부분이다. 이것이 그들
이 가진 영리함의 치명적인 핸디캡이다. 실행할 수 있는 해결
책을 찾아야 한다. 완벽한 해답을 찾으려고 하지 마라. 그런 것
은 세상 어디에도 없다.

비즈니스 세계의 전투 전략

회사에는 필연적으로 싸울 수밖에 없는 전투라는 것이 있다. 이 전투에 대응하는 데에는 넬슨식 전략과 손자식 전략의 두 가지 접근 방법이 있다.

넬슨식 전략

이것은 위험은 크지만 보상도 크다. 역사상 가장 성공하고 존경받는 해군 제독 넬슨(Horatio Nelson)은 이렇게 말했다. "배를 일렬로 늘어놓은 모습을 보면, 어떤 적도 침범할 수 없게 된다." 즉, 적이 눈에 띄면 언제든지 공격하라는 것이다. 수년이 흘러, 코크

레인(CoChrane) 경은 이 원칙을 극단적으로 따랐다. 그는 엄청난 크기의 전함을 보았을 때, 프리깃함(이보다 더 가벼울 수 없는 정찰용 함선)에 명령했다. 그는 자살 특공대 공격처럼 보이게 했다. 그리고 그는 승리했다.

극도로 위험해 보이는 전투를 할 때는 그만의 장점들도 있다. 경쟁자들에게 복종하게 만드는 일종의 공포심을 일으키는 것이다. 누구도 당신을 따라잡을 생각도 못하게 되고, 당신만의 방식을 밀어붙일 수 있다. 넬슨 제독 아래서 영국은 수년간 적군의 함대를 한 대도 허용하지 않았다. 적들은 감히 항구에 들어올 생각도 하지 못했던 것이다. 당신은 모든 일에서 피 한 방울 남지 않을 때까지 싸우는 법을 배울 수는 있다. 싸우면 싸울수록, 싸움의 기술도 늘어만 갈 것이다.

하지만 이 전략이 위험하다는 것 또한 명백하다. 첫째, 당신은 질 수도 있다. 둘째, 당신이 전투에서 승리한다 해도 이내 당신의 친구와 동지들을 잃게 될 것이다.

이 전략은 어떤 사람들에게는 유용하다. 기업가나 성공한 해군 제독, 그리고 사이코패스 같은 부류들에게 말이다. 그러나 일반적인 회사의 관리자들에게는 은근하게 접근하는 손자식의 전략이 더 낫다.

약 2,400년 전, 중국의 철학가인 손자는『손자병법』에서 전쟁의 세 가지 원칙을 제시했다. 이는 오늘날 회사의 갈등을 다루는 관리자들에게도 유효하다. 최근 당신이 연루되었던 회사에서 있었던 전투 몇 가지를 생각해보라. 그리고 아래의 세 가지 법칙을 체크해보라.

첫째, 싸울 만한 가치가 있는, 즉 그만큼의 보상이 있는 전투만 해라.

사람들을 괴롭게 하는 회사 내의 전투들은 '자전거 바퀴의 색깔을 어떤 것으로 할 것인가' 같은 아주 사소한 것들도 많다. 여기에 관한 어떤 의견을 제시하기는 쉽다. 문제가 명확하기 때문이다. 반대로 '사내에서 어떤 IT 시스템을 사용할 것인가' 같은 아주 중요한 문제들도 있다. 이런 것들은 즉시 IT 시스템이 아닌 그 외의 논쟁들을 불러일으킨다. 누구도 그 문제를 제대로 이해하고 있지 않은 것이다. 자전거 바퀴 색깔 같은 사소한 전투에는 참가하지 마라. 실제로 중요한 전투를 위해 에너지를 아껴라.

둘째, 이길 확신이 있는 전투만 하라.

월 스트리트에는 이런 말이 있다. "누가 실패할지 모른다면, 네가 바로 그 실패할 놈이 될 것이다." 당신이 이길 수 있을지 모르겠다면, 당신은 이길 수 없다. 대부분의 전투는 전투의 총성이 울리기 전에 승자와 패자가 갈린다. 지원받을 사항들 대부분이 계획되어 있고, 유리한 고지를 선택한 쪽이 이기는 것은 당연하다. 당신이 이길 수 있는 고지에 있는지, 지원은 충분한지 확인한 후 전투를 해라.

셋째, 당신의 목적을 달성하는 데 전투 외에 방법이 없을 때만 싸워라.

이때는 넬슨식 전략에서 맞닥뜨릴 수 있는 문제들을 겪을 수도 있다. 첫째, 당신이 질 수도 있다. 둘째, 당신이 전투에서 승리하면, 그만큼 적들을 얻게 된다. 정면 충돌을 피할 수 있는 방법을 찾는 편이 낫다. 의제에 약간의 변화를 준다거나, 이해관계를 조정한다거나, 개인적으로 차이점들을 해결하는 방법 같은 것을 찾아보는 것이다. 공식적인 전투는 절대 고상할 수 없다.

명심하라. 대부분의 사내 전투들은 최소한 하나 이상의 패배자를 만든다. 때로는 전투에 참여한 팀 모두를 전멸시키기도 한다.

결론

오늘날 조직에서 PQ는 관리자들에게 더욱더 중요해지고 있다. 더 이상 명령과 통제에 의존해서는 안 되는 시대가 온 것이다. 우리는 책임이 권한을 초과하는 세계에서 일을 하기 위해 새로운 기술을 익히고 개발해야 한다. 더 이상 영리하거나(높은 IQ), 괜찮은 사람(높은 EQ)으로는 충분치 않다. 성공적인 관리자가 되려면 이것보다 정치적 능력, 즉 높은 PQ가 요구된다. 이러한 정치적 기술은 배울 수 있고, 체화할 수 있는 것이다. 동지와 네트워크를 만들고, 거래를 하고, 신뢰를 구축하고, 갈등과 위기를 조정하고, 협상하고, 영향력을 발휘하는 것, 이 모든 것이 정치 기술이다.

이는 정치적으로 유능한 사람이 인정받는 시대가 오고 있음을 의미한다. 조직은 필수적으로 정치적인 생물체이다. 우리는 모두 누가 그 안으로 들어오고, 누가 승진하고, 누가 떨어져 나가게 될지 알고 싶어한다. 또한 PQ는 어떤 일을 일어나게 만든다. IQ와 EQ만으로는 회사 안에서 당신이 원하는 일을 발생시킬 수 없다. 때문에 PQ는 관리자들의 생존과 성공의 필수적인 요소이다.

PQ는 기존의 성공한 관리자들과 다른 새로운 종족들의 방식이다. 자신의 머리를 믿는 것만으로는, 심리학적 이론에 통달하는 것만으로는 충분치 않다. 당신은 조직이 어떻게 돌아가는지에 대해 깊이 이해할 필요가 있다. 이는 미지의 기술에 대한 것이 아니라 조직의 모호성, 위기, 갈등 그리고 모든 일상적인 관리자 생활에서 발생하는 도전들을 당신의 이익에 기여할 수 있도록 하기 위한 것이다. 정치는 다른 사람들을 통해 함께 승리하는 것이지, 다른 사람들과 대립점에 서서 승리한다는 말이 아니다.

많은 관리자들이 새로운 세계의 변화, 불확실성, 기회들이 자신들을 위협한다고 생각한다. 그래서 그들은 이전의 명령과 통제의 세계가 보여주는 확실성을 선호한다. 그러나 그들의 시대는 끝났다. 정부 조직과 같은 기계적인 관료제라는 공룡을 제외하고는 말이다.

이제는 새로운 비즈니스를 구축하고, 새로운 관리 기법을 발견해야 한다. 새로운 세대들에게 모호성은 기회를 의미한다. 자원과 권력이 부족하다는 것은 목표를 달성하는 데 장애물이 아니다. 정치적 기술을 가진 관리자들은 자신들에게 공식적으로 인정된 자원이나 권력이 허락하는 것보다 훨씬 더 많은 성과를 이룰 수 있다. 정치 기술은 모호한 세계를 기회의 세계로 바꾸는 기술이다.

관리자들의 여정은 때로 험난하겠지만, 흥분되는 길이기도 할 것이다. 당신의 여행이 어떠하든, 그것을 즐기길 바란다.

정치적 환경 평가 지수 점수 가이드

이는 당신이 처한 정치적인 환경에 관한 평가표이다. 도표를 보고, 당신의 점수를 채점해보라.

정치적 환경 지수 평가표

		1 매우 아니다	2 아니다	3 보통	4 그렇다	5 매우 그렇다
1	내가 책임져야 할 것이 내 권한보다 크다.	1	2	3	4	5
2	자원들이 전략적, 합리적으로 배분되어 있다.	5	4	3	2	1
3	당신이 가진 자원들은 당신이 교섭한 결과물이다.	1	2	3	4	5
4	올해 나의 목표는 명확하다.	5	4	3	2	1
5	나의 목표는 일 년 동안 변하지 않고 유지된다.	5	4	3	2	1
6	승진시스템이 공정하고, 합리적이고, 투명하다.	5	4	3	2	1
7	승진하기 위해 당신에게는 강한 후원자가 필요하다.	1	2	3	4	5
8	할당된 일들은 조직의 필요와 개인의 욕구 사이에서 적절한 균형을 맞추고 있다.	5	4	3	2	1
9	당신이 하고 있는 일은 당신이 교섭한 결과이다.	1	2	3	4	5

10	모두에게 돌아갈 만큼 승진자리가 충분치 않다.	1	2	3	4	5
11	공평하게 모두에게 돌아갈 만큼 보너스가 충분하지 않다.	1	2	3	4	5
12	나의 상사는 자주 팀 전체를 칭찬한다.	5	4	3	2	1
13	실수는 사람들이 배우고 성장할 수 있는 쪽으로 이용한다.	5	4	3	2	1
14	문제는 상사가 발견하기 전에 해결된다.	1	2	3	4	5
15	생존과 성공의 실제 법칙은 어디에도 써 있지 않다.	1	2	3	4	5
16	우리는 업오어아웃(주: 일정 연한 내에 승진하든지 아니면 그 조직에서 떠나야 한다는 일부 기업의 불문율)을 준수한다.	1	2	3	4	5
17	우리 조직은 고도로 윤리적이고 도덕적인 조직이다.	5	4	3	2	1
18	정직이 최상의 가치다.	5	4	3	2	1
19	정치적으로 기민한 사람이 먼저 승진한다.	1	2	3	4	5
20	나는 나의 상사를 전적으로 신뢰한다.	5	4	3	2	1

싸우지 않고 승리하는 직장인 성공 매뉴얼

회사에서 살아남는 핵심인재의 비밀 (원제 : POWER AT WORK)

1판 1쇄 2013년 5월 27일

지 은 이 조오웬 (Jo Owen)
옮 긴 이 김신욱

발 행 인 주정관
발 행 처 북스토리
주   소 경기도 부천시 원미구 상3동 529-2 한국만화영상진흥원 311호
대표전화 032-325-5281
팩시밀리 032-323-5283
출판등록 1999년 8월 18일 (제22-1610호)
이 메 일 bookstory@naver.com

ISBN 978-89-93480-99-3 03320

※잘못된 책은 바꾸어드립니다.

이 도서의 국립중앙도서관 출판시도서목록(CIP)은 서지정보유통지원시스템 홈페이지 (http://www.seoji.nl.go.kr)와
국가자료공동목록시스템 (http://www.nl.go.kr/kolisnet)에서 이용하실 수 있습니다.
(CIP제어번호 : CIP2013010249)